U0042782

東京・鎌倉仏像めぐり

東京・鎌倉佛像圖鑑

佛像圖解×參拜巡禮，來趟法喜充滿的心靈小旅行！

日本知名佛像插畫家、散文家
田中弘美 Tanaka Hiromi 著
羅淑慧 譯

方舟文化

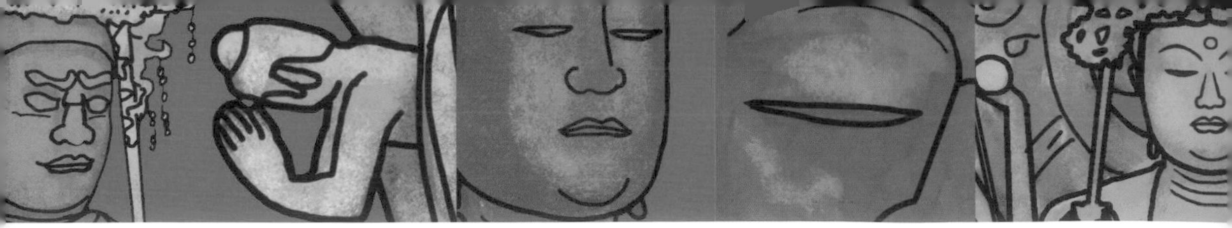

前言

談到佛像，大家往往會聯想到奈良或是京都，但其實東京和鎌倉一帶也有許多十分出色的佛像。

我在大阪出生、成長，從小就被熱愛佛像的叔叔帶在身邊，參拜了許多奈良和京都的廟宇。可是，小時候的我對那些佛像並不感興趣。直到長大之後，我造訪了久違的京都「三十三間堂」（正式名稱為蓮華王院本堂）。那次旅行，我被堂內收藏的一千零一尊千手觀音菩薩像深深震懾，就這麼突然迷戀上這些美麗的佛像了。

從那之後，我開始參拜日本全國各地的佛像。

過去對佛像不感興趣時，在我眼裡，任何一尊佛都像是同一個模子刻出來的。但在參拜過更多的寺廟之後，**我才慢慢發現，原來佛像也和人類一樣，擁有不同的性格與樣貌；有時候即使是同一尊佛，也會因為創作主題或使用的材料、技法，而呈現出不同的姿態與相貌**。現在，只要是知名的佛像，光是看到照片，我就可以清楚判斷這是哪間寺廟的哪位尊駕。

參拜過的佛像越多，就越能夠看出箇中差異，整個過程也變得更加有趣。

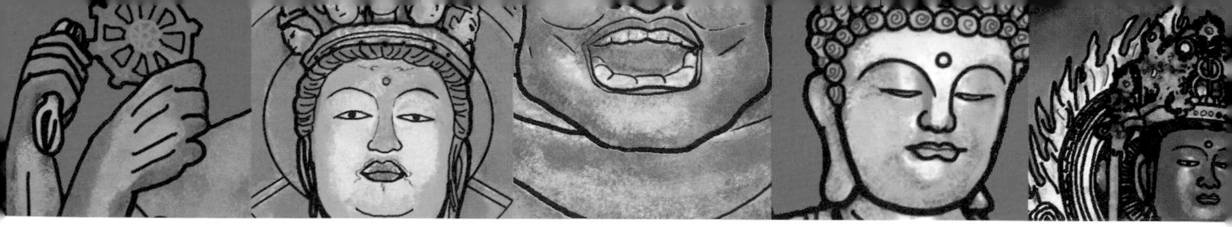

例如**仔細觀察祂們的臉部胖瘦、衣服的穿著方式、配飾、手指的姿態等細節，就會發現每尊佛像都有些許的不同**，令人興奮莫名。

在這本書當中，我透過純手繪的方式，淺顯地以插畫介紹了我個人喜愛的東京和鎌倉的佛像。如果用真實的照片呈現，總免不了會有些光線偏暗、看不真切的角落；諸多細節部位也難以清楚解說，但如果是以插畫表現的話，就可以免去這些問題了。

我也在書中進一步解說了各種想與大家分享的小小記事，包含寺廟的流變、佛像的冷知識、手中何以持有這項法器等。此外，除了該寺院最值得觀賞的佛像，我也會一併介紹周圍值得順遊的景點（例如該寺廟的護身符、附近有名的地標、美味的伴手禮等小物）。書中還附錄各寺廟的詳盡地圖與聯絡方式，這樣一來，大家就能按圖索驥、毫不費力地前往參拜。

衷心希望各位在閱讀本書之後，能深刻感受到東京、鎌倉佛像的魅力。

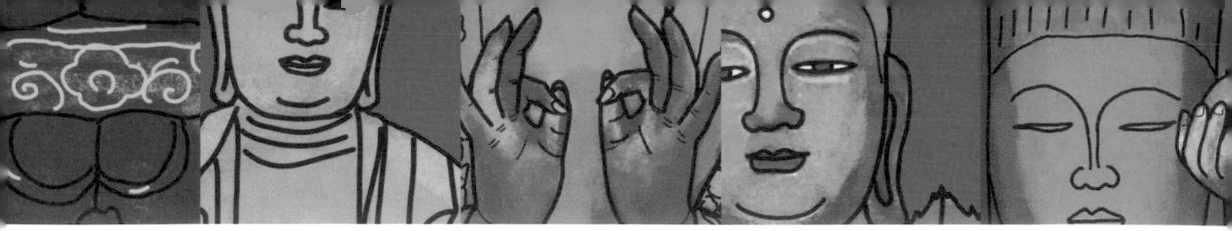

contents

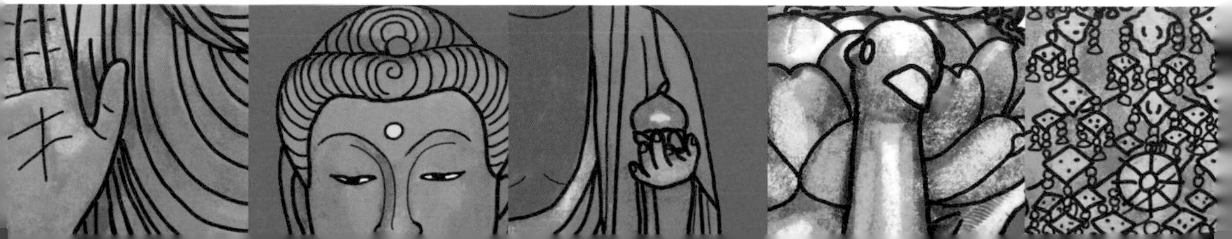

佛像的原型 釋迦牟尼的一生

釋迦牟尼（Sakyamuni）是印度釋迦族的王子，其母為摩耶夫人（見**摩耶夫人像**）。釋迦牟尼誕生於西元前 6 ～ 5 年左右（見**誕生像**）；16 歲結婚後育有一子；經歷了眾多人生苦難後，他在 29 歲決定出家，捨棄了一切。出家後的他儘管嘗試了包含斷食在內的各種苦行，卻總無法得道。最後，他接受了牧牛女蘇耶妲（Sujata）供養的乳糜、恢復了體力，並在菩提樹下進入冥想，終於在 35 歲時頓悟。之後，他在鹿野苑第一次傳授佛法（見**初轉法輪像**）；後續更遊歷印度各地弘揚佛教，並廣納弟子。80 歲時，他橫躺在娑羅樹（Shorea robusta）下圓寂（見**涅槃像**）。

摩耶夫人像

據說釋迦牟尼的母親摩耶夫人，在藍毗尼園（Lumbini）舉手攀折無憂樹（Saraca asoca）的花朵時，釋迦牟尼便從她的腋下出生了。那天是農曆 4 月 8 日，後世便以此為佛誕日。

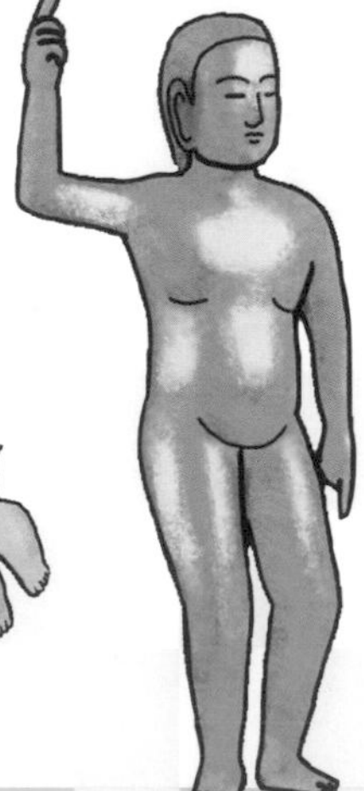

誕生像

據說釋迦牟尼出生後，馬上邁出七步，並以右手指天、左手指地說：「天上天下，唯我獨尊。」意即天上地下的生命皆為獨一無二，因此，眾生之命皆具價值且尊貴。

初轉法輪像

此為釋迦牟尼在鹿野苑第一次傳授佛法的姿態。

涅槃像

釋迦牟尼於 80 歲時在娑羅樹下圓寂，有眾多弟子和動物圍繞在側。他以右手做枕橫躺，面容平靜，有如沉睡一般。

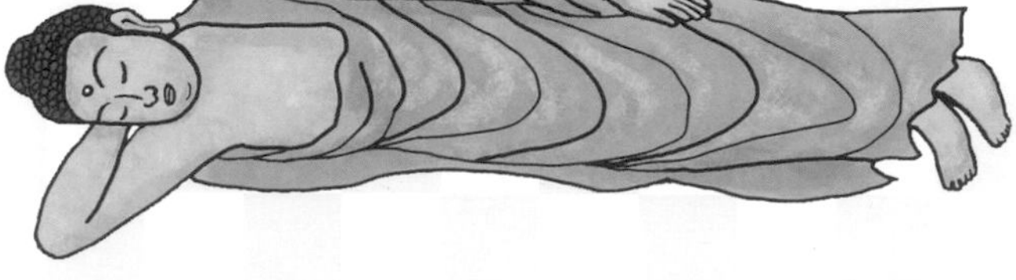

佛像的種類與階級

佛像可概略分為如來、菩薩、明王、天人四個階層。除此之外，一般常見的羅漢、高僧、法師像等，儘管是修行中的人類，也可歸類為佛像範疇。

如來

此為已達到開悟最高境界的佛。大多穿著樸素的袈裟，不會穿戴頭冠等配飾。

菩薩

為達開悟而持續修行的佛，多呈現釋迦牟尼仍為印度王子時的姿態；穿戴華美的頭冠和項鍊等配飾，頭髮高高盤起。

明王

明王是如來幻化面貌而來。其外型多為手持武器或蛇、身上背著火焰；猙獰的面貌（忿怒相）是為了訓斥並教化不遵從佛法教誨的人。

天人

天人是各種被納入佛教的印度神，也稱天部、天眾等。天人的最大特徵在於有男神與女神之分，樣貌也各具特色。其任務是守護佛法。

如來的特徵

如來擁有許多異於凡人的特徵（如來三十二相）。例如頭髮呈現藍色、長髮往右捲曲（螺髮）；頭頂有個像髮髻的圓形隆起（肉髻），據說裡頭充滿智慧；額頭則有顆看似白痣的白色捲曲長毛（白毫）；指間長有蹼；身形更有 1 丈 6 尺（約 4.8 公尺）高。

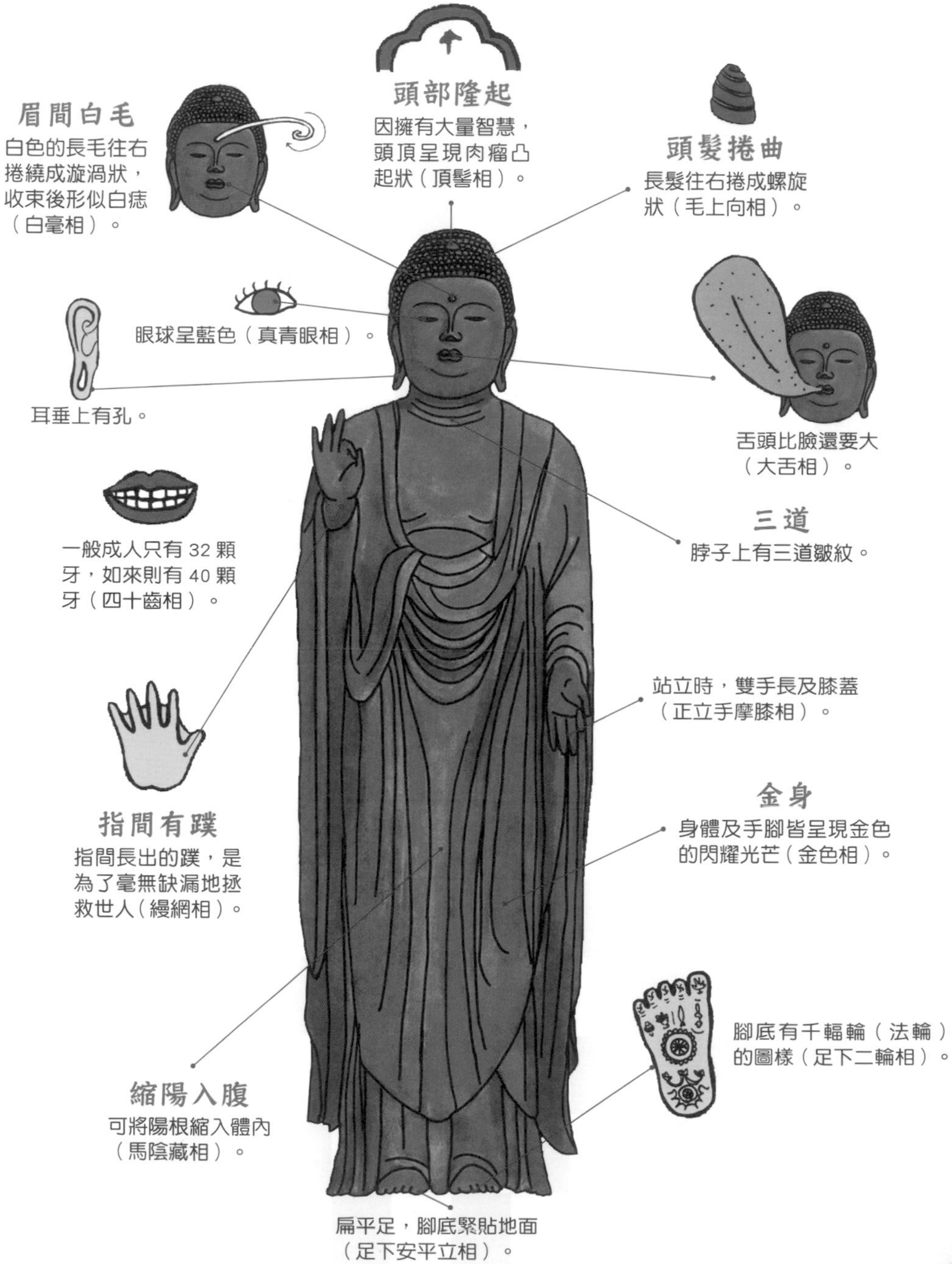

眉間白毛
白色的長毛往右捲繞成漩渦狀，收束後形似白痣（白毫相）。
頭部隆起
因擁有大量智慧，頭頂呈現肉瘤凸起狀（頂髻相）。
頭髮捲曲
長髮往右捲成螺旋狀（毛上向相）。
眼球呈藍色（真青眼相）。
耳垂上有孔。
舌頭比臉還要大（大舌相）。
三道
脖子上有三道皺紋。
一般成人只有 32 顆牙，如來則有 40 顆牙（四十齒相）。
站立時，雙手長及膝蓋（正立手摩膝相）。
金身
身體及手腳皆呈現金色的閃耀光芒（金色相）。
指間有蹼
指間長出的蹼，是為了毫無缺漏地拯救世人（縵網相）。
腳底有千輻輪（法輪）的圖樣（足下二輪相）。
縮陽入腹
可將陽根縮入體內（馬陰藏相）。
扁平足，腳底緊貼地面（足下安平立相）。

如來的種類與辨識方式

如來的姿態皆以出家修行時期的釋迦牟尼為原型。除了**大日如來**之外，其他的如來身上都只裹著一條簡樸的布衣，既沒有頭冠，也沒有配飾。此外，最初的如來只有**釋迦如來**一種，之後才有**藥師如來**、**阿彌陀如來**等眾多如來登場。

藥師如來

外型與釋迦如來相似，最大特徵是手中拿著藥壺（但現存於奈良的古老佛像中，也有沒拿藥壺的藥師如來）。居住在東方的淨琉璃世界，任務是拯救眾生免於病痛。

釋迦如來

釋迦族的王子，以出家修行時期的釋迦牟尼為原型（其他的如來則以釋迦牟尼為原型）。張開的右手代表「無所畏懼」（施無畏印）；張開的左手代表「傾聽願望」（與願印）。

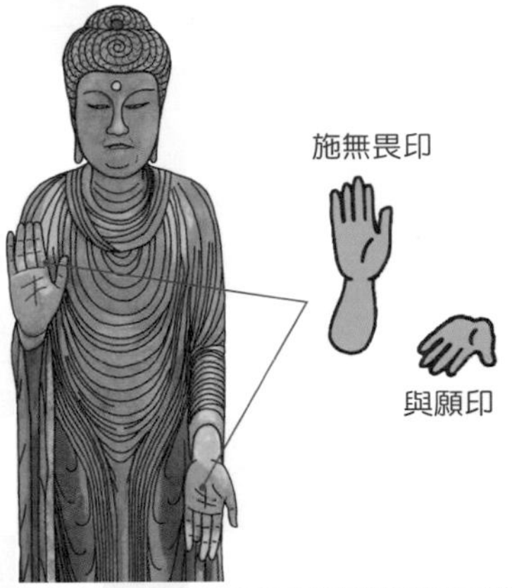

大日如來

大日如來是密教中居於最高位的如來，被視為「代表宇宙的真理」。雖稱之為如來，祂卻盤髮戴冠、身上還有華麗的配飾，形象非常鮮明。

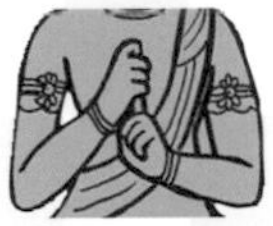

金剛界[1]大日如來
金剛界的大日如來，會在胸前比出如忍者般的智拳印。

胎藏界大日如來
胎藏界的大日如來，會做出右手疊於左掌心的禪定印。

阿彌陀如來

外型與釋迦如來相似，辨識方式為手比 OK 般的來迎印。阿彌陀如來住在西方的極樂淨土，負責接引亡者。由於人們深信釋迦牟尼圓寂 2000 年（或說 1500 年）後，世間便會進入衰頹毀壞的末法時期。因此，虔誠念佛、盼望死後前往西方極樂的淨土信仰，便在平安時代（794 年～ 1185 年）被大力宣揚，阿彌陀如來也因此廣受膜拜。

1 根據密教的說法，大日如來住在金剛界與胎藏界兩個不同的世界。其中金剛界以「如來無可比擬的智慧」打造而成；胎藏界則「被如來無限的慈悲所包圍」。從不同的手印就能分辨眼前的佛像來自哪個世界。

菩薩的種類和特徵

所謂菩薩，是指「為了成為如來而努力修行」的佛。其原型為王子時期的釋迦牟尼，所以外形多為古印度的貴族姿態，戴著頭冠、佩戴項鍊或手環等配飾；除了地藏菩薩是光頭之外，其他菩薩都端莊地盤起頭髮。根據佛教教義，釋迦牟尼圓寂 56 億 7 千萬年後，彌勒菩薩將化為如來，接棒拯救眾生（但迄今尚未到來）；而在釋迦牟尼圓寂後至彌勒菩薩成為如來之前的這段期間，負責解救世人的是地藏菩薩。

就和如來一樣，各種不同的菩薩種類也是相繼出現的，例如彌勒菩薩、地藏菩薩、觀音菩薩、文殊菩薩、普賢菩薩、勢至菩薩等。值得注意的是，觀音菩薩會配合對方，變身為三十三種不同的姿態（三十三應化身）。例如十一面觀音菩薩、聖觀音菩薩、如意輪觀音菩薩、千手觀音菩薩、馬頭觀音菩薩等。

地藏菩薩
負責在釋迦牟尼圓寂至彌勒菩薩成為如來之前拯救眾生。

十一面觀音菩薩
頭上有著十或十一張面孔的觀音菩薩，能夠三百六十度地看顧著人世間，解救眾生免於各種苦難。

聖觀音菩薩
觀音菩薩會配合對方改變樣貌，此為祂變身前的姿態。

如意輪觀音菩薩
藉由如意寶珠和法輪的力量救贖眾生。

千手觀音菩薩
千手觀音的每個手掌上都有眼睛，可向眾生伸出援手、免除世人的苦惱。儘管真的有一千隻手的觀音菩薩像，但一般的千手觀音多為四十二隻手。除了胸前合掌的兩隻手之外，其他的四十隻手分別拯救二十五個世界，如此便等於有一千隻手。

明王的種類和特徵

明王是如來的化身，祂們奉行如來的命令，頂著一張兇悍的恐怖臉孔，負責教導、拯救那些不遵循如來佛法的人們。除了孔雀明王之外，明王大多有著令人畏懼的臉部表情（忿怒相）、因憤怒而豎立的頭髮、手持武器或蛇。種類則有**不動明王**、**大威德明王**、**軍荼利明王**、降三世明王、金剛夜叉明王、愛染明王等。

不動明王

不動明王又稱不動尊、無動尊。其特徵是右手持劍，左手拿著名為金剛索的投繩。

制吒迦童子

在梵語當中，制吒迦（Ceṭaka）代表著奴隸、隨從之意，給人調皮胡鬧的印象。

矜羯羅童子

外型為 15 歲的童子，給人乖巧順從的印象。

大威德明王

有六面、六臂、六足，騎乘水牛。被視為守衛西方的守護神。

軍荼利明王

其為寶生如來的化身，負責保護眾生免於外敵侵害、並排除各種障礙。

天人的種類和特徵

天人是各種被納入佛教的印度神。由於是以釋迦牟尼為原型，因此天人多為男性，也有少部分的女性天人，有著各式各樣的姿態。男性天人大多是負責保衛佛法的守護神。

弁才天

負責掌控音樂、財富、智慧等的印度女神。

閻魔大王

佛教、印度教等信仰中的地獄、冥界之主。

多聞天王

多聞天王（日本稱之為毘沙門天）是佛教守護神四天王之一。相傳在須彌神山的山腰以北一帶守護佛法。外型多為身穿甲冑、手持寶塔、一臉猙獰地踩踏邪鬼的威風模樣。

其他佛像（羅漢和高僧等）的種類和特徵

羅漢是「阿羅漢」的略稱，意為「值得尊敬的修行者」。佛教中常見的羅漢為釋迦牟尼的 10 名主要弟子（十大弟子）、在中國或日本宣示護持佛法的 16 名弟子（十六羅漢）；或將十六羅漢加上兩名尊者，成為十八羅漢，以及釋迦牟尼的 500 名弟子（五百羅漢）。至於高僧，則包含弘法大師（空海）、傳教大師（最澄）等。另外，畢生弘揚佛教的聖德太子像也很常見。羅漢和高僧的共同特徵為粗糙的布衣或僧服。

一遍上人

舍利弗（十大弟子）

摩訶迦葉尊者（十大弟子）

手印是什麼？

手印又稱印相、印契，指修行者在修法時，以雙手與手指所結出的各種手勢。基本上，每尊佛像都有其特定的手印，可藉此辨識祂們的身分。

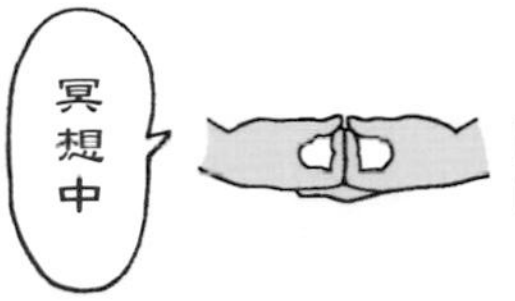

阿彌陀定印

阿彌陀如來冥想時的姿態。

與願印

「聆聽、實現願望」的意思。

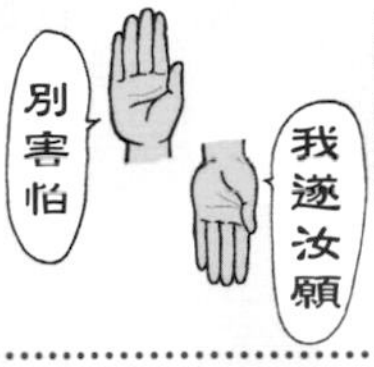

施無畏印

「無須害怕」的意思。施無畏印和與願印成套出現，是如來特有的手印，尤其以釋迦如來居多。

來迎印

代表來自淨土的迎接之姿。以阿彌陀如來居多。

智拳印

象徵無限量的智慧。在胸前舉起左手食指，接著再用右手握住。這是金剛界大日如來特有的手印。

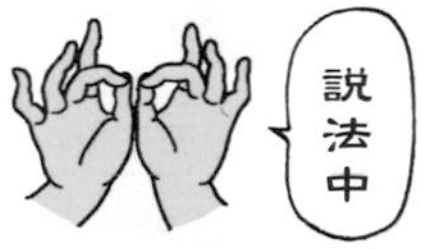

說法印

雙手舉至胸前，中指與拇指相觸，此為釋迦牟尼闡述佛法時的姿態。釋迦如來或阿彌陀如來都會施以這種手印。

禪定印

坐禪時常見的手印，代表靜心冥想。胎藏界大日如來或釋迦如來都會施以這種手印。

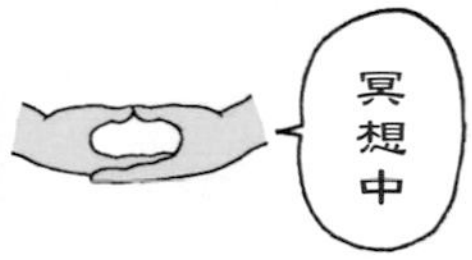

法器的種類和象徵意義

佛像的手中常持有不同的法器，分別象徵各種意義。此外，每位尊駕持有的法器大多是固定的，有助於我們辨識其身分。例如，藥師如來拿的法器是藥壺；不動明王拿的是寶劍和金剛索（投繩）；地藏菩薩拿的是寶珠和錫杖（前端有圓環的手杖）。

錫杖

前端有圓環的手杖，地藏菩薩持有。

金剛索

可束縛煩惱或作為武器使用，也可用來救人。不動明王、千手觀音、不空羂索觀音等持有。

寶劍

可斬斷煩惱。多為文殊菩薩或不動明王持有。

藥壺

壺裡裝有可治百病的藥。平安時代之後的藥師如來佛像都會拿著藥壺。

水瓶

瓶裡裝有實現眾生願望的功德水，不論用得再多都不會減少。多為觀音菩薩持有。

蓮花

蓮花出汙泥而不染，象徵著不受煩惱所困的清淨之心。觀音菩薩持有。

佛珠

正統佛珠有一百零八顆串珠，代表消除一百零八種煩惱。

金剛杵

硬度如金剛石（即鑽石）般堅硬，能夠打碎煩惱。多為明王或天人所持有。

寶塔

寶塔裡收納著釋迦牟尼的遺骨（佛舍利）。由多聞天王所持有。

寶珠

可從裡頭拿出世人所有想要的東西、實現所有的願望，又稱如意寶珠。地藏菩薩或吉祥天持有。

法輪

釋迦牟尼的象徵，旨在傳達佛法有如車輪般快速擴散。如意輪觀音菩薩的重要標誌。

上野・淺草周邊

東京佛像巡禮的首選，當推上野、淺草周邊的寺廟。例如以「合格祈願符」一躍成名的上野大佛、天王寺裡威風凜凜的多聞天王立像等，值得觀賞的景點眾多。

Ueno・Asakusa

1. **寬永寺清水觀音堂**
   台東區上野公園 1-29
   03-3821-4749
2. **大佛山（上野恩賜公園）**
   台東區上野公園 4-8
   03-3821-4749（寬永寺清水觀音堂）
3. **輪王寺（別稱：開山堂、兩大師）**
   台東區上野公園 14-5
   03-3821-4050
4. **東京國立博物館**
   台東區上野公園 13-9
   03-5777-8600（Hello Dial）
5. **天王寺**
   台東區谷中 7-14-8
   03-3821-4474
6. **淺草寺**
   台東區淺草 2-3-1
   03-3842-0181
7. **保元寺**
   台東區橋場 1-4-7
   03-3873-4448

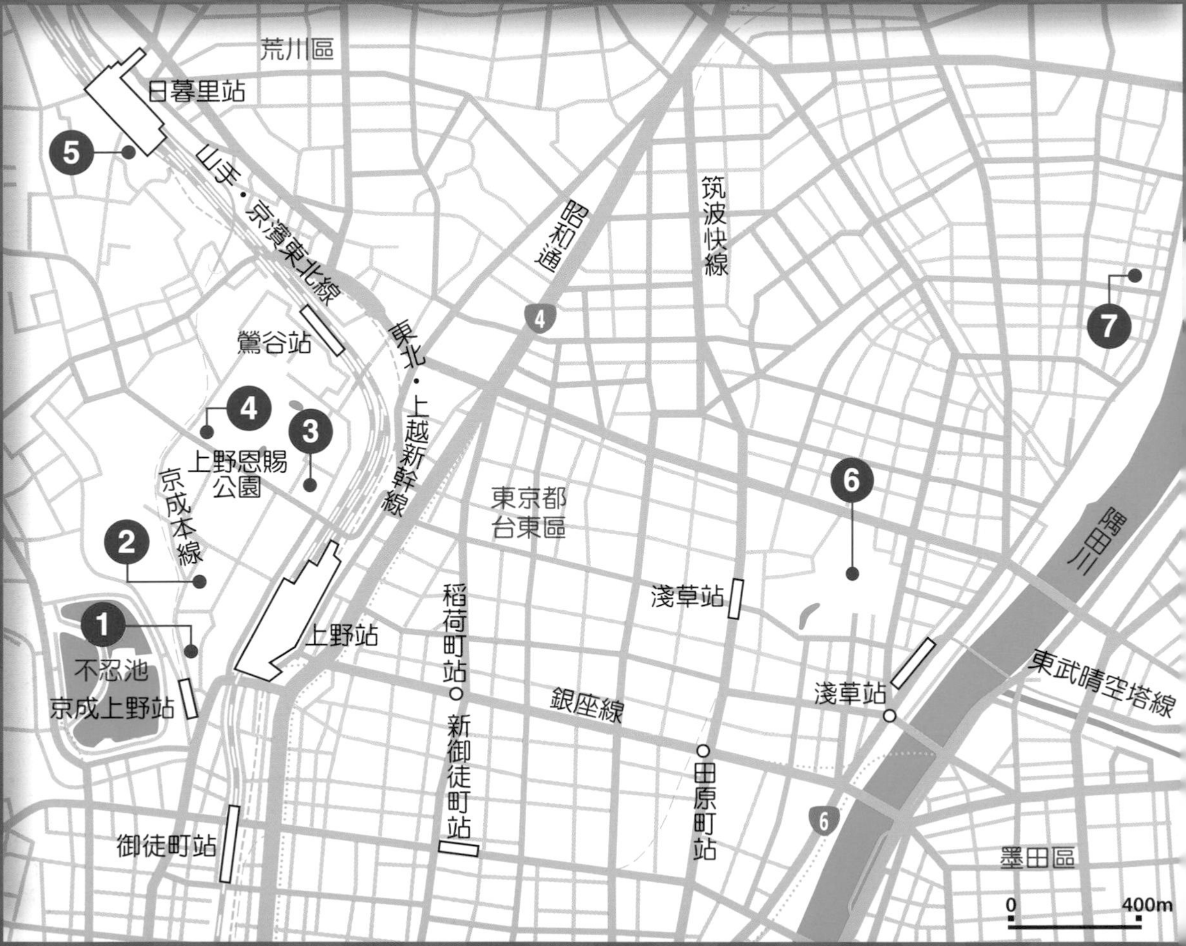
荒川區
日暮里站
5
山手・京濱東北線
鶯谷站
4
3
上野恩賜公園
京成本線
2
1
不忍池
京成上野站
上野站
東北・上越新幹線
昭和通
4
筑波快線
7
6
東京都台東區
稻荷町站
新御徒町站
御徒町站
銀座線
淺草站
田原町站
淺草站
隅田川
東武晴空塔線
6
墨田區
0
400m

替信眾消災解厄、救苦救難的觀音菩薩

千手觀音菩薩像（替身佛像）

寬永寺清水觀音堂

Ueno・Asakusa
❶
台東區上野公園1-29
03-3821-4749

清水觀音堂位在上野公園中央，堂前建有一大片遼闊的平臺（舞臺），據說是江戶時代（一六〇三年～一八六七年）的工匠，仿照京都的清水寺建造而成。

這尊**千手觀音菩薩像**是清水觀音堂的御本尊[2]，被安置在佛龕裡。千手觀音菩薩像是戰國時期的武將平盛久所信仰的佛像，這段故事在《平家物語》[3]也有相關紀錄。

盛久在源平合戰失利之後遭處死刑，將在鎌倉的由比濱（現為海水浴場）被斬首。出乎意料的是，當劊子手的大刀朝盛久頸部砍下時，刀刃竟應聲斷裂；於此同時，供奉在京都清水寺的千手觀音菩薩也應聲傾倒，並折斷了手。

從此之後，千手觀音菩薩便因「代替盛久受難」的事蹟，受到世人極為崇高的景仰。天海法師[4]更將這尊觀音大老遠地從京都的清水寺，移至上野的清水觀音堂供養。據說只要參拜這尊佛像，不論有什麼困難，觀音都會代為承受，幫助信眾消災解厄、逢凶化吉。

然而，這尊千手觀音菩薩像的真身（即祕藏佛像）只會在**每年二月的第一個午日[5]開帳（公開展示）**；平時大家見到的金色千手觀音菩薩像，其實是仿照御本尊打造的替身佛像。雖然佛龕內光線昏暗，乍看並不顯眼，但千手觀音菩薩總是用那張豐潤且溫柔的臉龐照看眾生，向世人伸出援手。

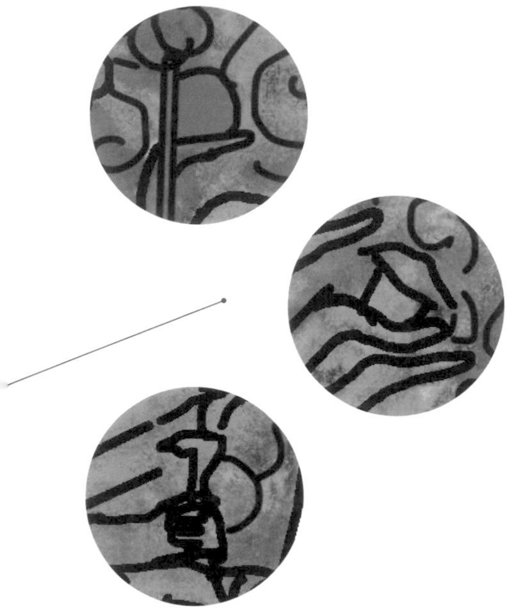

觀音手中拿著各種不同的法器

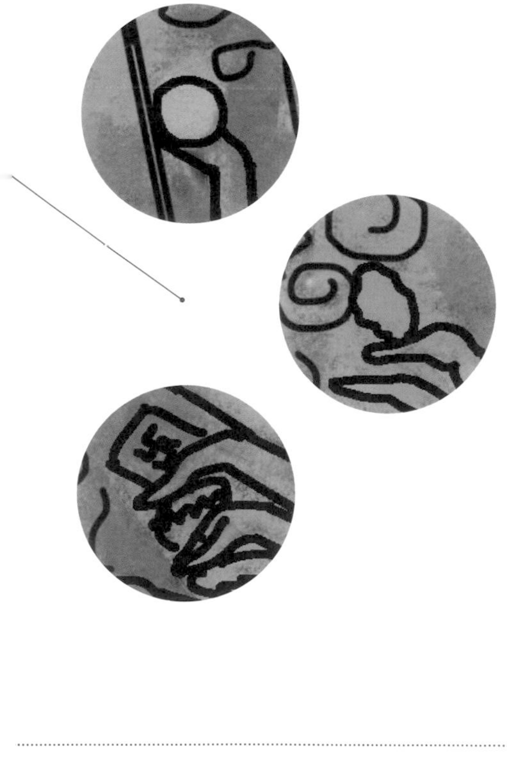

堂中展示的金色千手觀音，是御本尊的替身佛像

2 御本尊為佛教寺院裡最重要的信仰對象，意即該寺院的主神（佛）；又稱正尊、正佛、主尊等。

3 《平家物語》成書於十三世紀（鎌倉時代），作者不詳，記敘了一一五六年～一一八五年源氏與平氏的政權爭奪。

4 天海法師為安土桃山時代（一五六八年～一六〇三年）～江戶時代初期的天台宗僧侶。又稱南光坊天海，諡號為慈眼大師。

5 二月的第一個午日為「初午」。日本曆法以十二地支記錄年、月、日和時辰，排序為第七支的年稱午年；日即為午日。每年每月的午日可能不同；同月裡也可能有兩個（甚至三個）午日。

月之松

江戶時代的浮世繪師歌川廣重，曾繪製一系列的《名所江戶百景》。其中出現在《上野清水堂不忍之池》、《上野山內月之松》的「月之松」，已在明治時代（一八六八年～一九一二年）初期的風災中損毀，如今重現的月之松，是二〇一二年再植的複製品。

大受考生歡迎、能量滿點的人氣景點

上野大佛 大佛山（上野恩賜公園）

這尊**上野大佛**既沒有身體也沒有頭，只剩一張大大的臉，這般特殊的樣貌非常吸引我。我很喜歡外型奇特的佛像，「只有一張臉」正是其特色所在。仔細端詳祂的臉部，就會發現其**白毫**[6]和**超大鼻子**格外醒目。

實際上，上野大佛原本也是有身體的。

上野大佛最初打造於一六三一年，是以灰泥將粘土固化後塑成；後續曾經過多次修復，最終因關東大地震（一九二三年九月一日）導致頭部掉落而嚴重損毀，之後，人們便把大佛斷裂的身體和頭部保存在上野寬永寺內。第二次世界大戰時，為因應軍方的金屬資源需求，大佛的頭部（臉部除外）和身體被捐了出去。直到一九七二年，一直被保留在寬永寺內的大佛臉部，才終於以「牆面浮雕」的形式於原址重現；後續更在二〇一六年建造了新的屋頂。

現在的上野大佛只剩一張臉，再也不會有頭部掉落的問題。換句話說，這是一尊擁有「不落地」（不落第）之力的佛像。為此，從數年前開始，上野大佛便以「**合格大佛**」的招牌稱號備受全國考生關注；最近更躍上JR東日本的宣傳海報，人氣一飛衝天。

各位在參拜時，不妨親手觸摸佛像的臉龐，這也是其有別於其他佛像的一大賣點。據說可藉此獲得滿滿的能量，應試時更加順利。

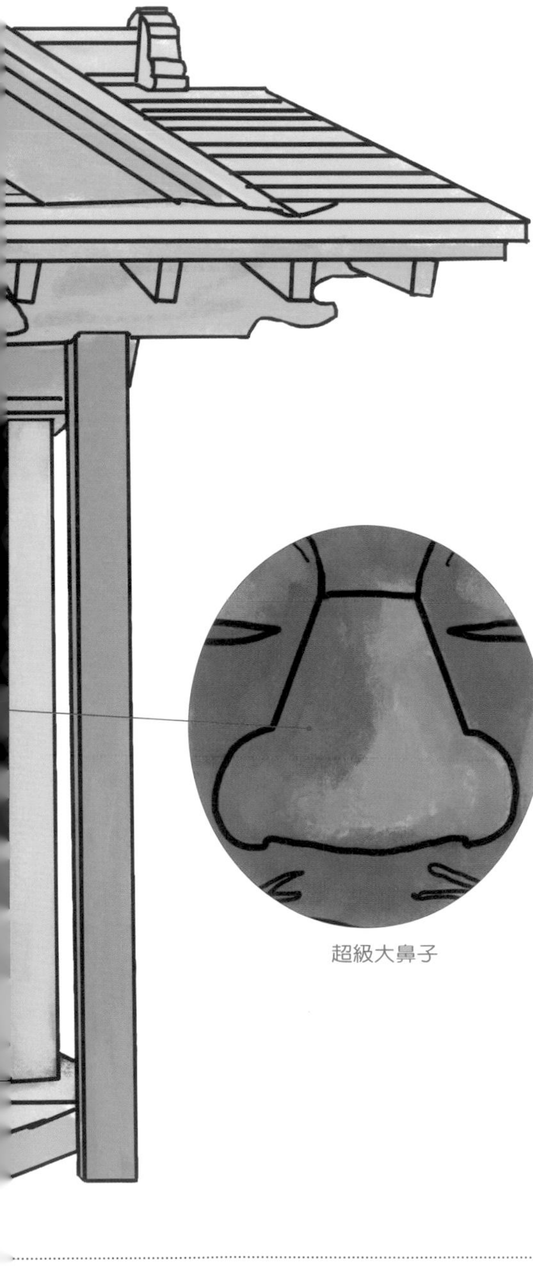

超級大鼻子

Ueno・Asakusa ②

台東區上野公園4-8
03-3821-4749
（寬永寺清水觀音堂）

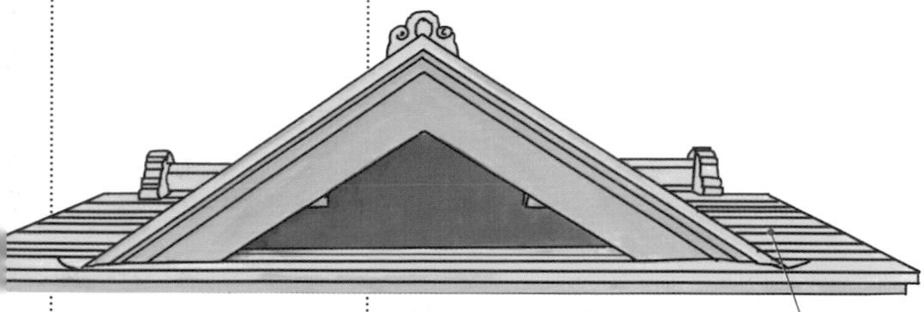

於 2016 年新建的屋頂

6 如來額頭中央的白色捲毛，會發出照耀世界的光芒。

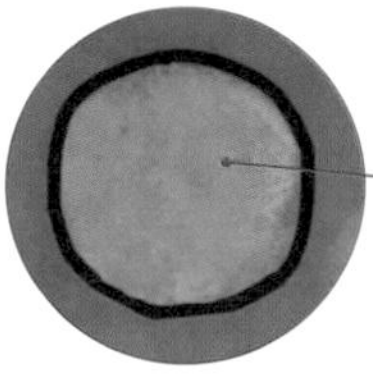

額頭上的大白毫

合格祈願符

祈求考試時能順利合格的五角形祈願符（御守）。上頭繪有表情溫柔的上野大佛，可帶來合格的力量。祈願符的顏色有粉紅色、藍色、綠色可選；此外，一旁也有販售上野大佛仙貝和大佛糖。

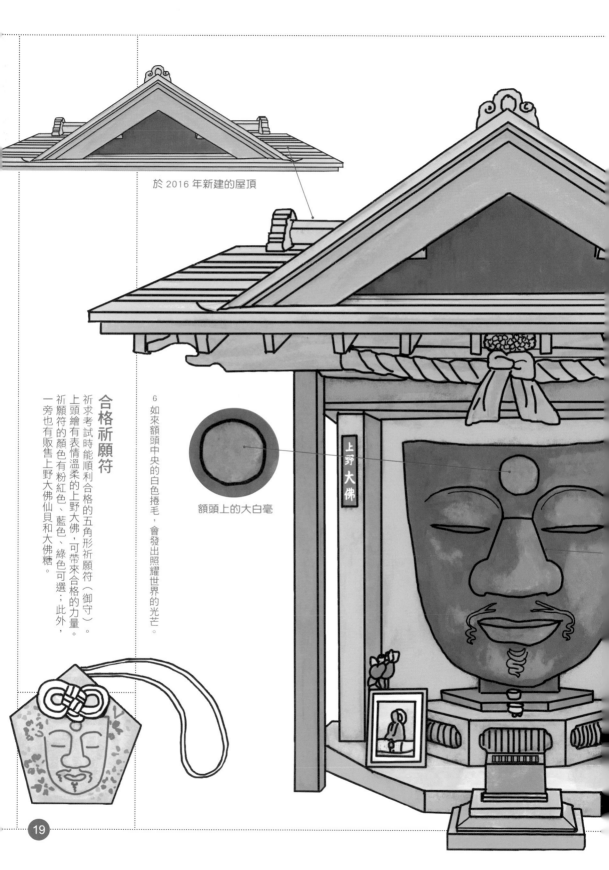

給予信眾無窮智慧與慈悲的虛空藏菩薩

虛空藏菩薩像、阿彌陀如來像、地藏菩薩像

輪王寺（別稱：開山堂、兩大師）

Ueno・Asakusa ③

台東區上野公園14－5
03-3821-4050

輪王寺位於東京國立博物館的東邊，是寬永寺伽藍[7]的一部分。輪王寺的開山堂（又名慈眼堂）建於一六四四年，是供奉創建寬永寺的天海法師（慈眼大師）的祠堂；此外，天海法師最尊崇的良源法師[8]（慈惠大師）也供奉於此，兩者合稱「兩大師」。

據說現在一般寺廟中的各種「神籤」，其原型就出自於良源法師之手。由於良源法師有時會化成惡鬼的模樣以驅趕瘟神，因此，人們相信上頭畫有尖角惡鬼的「角大師」籤紙，具有驅魔效力。

此外，良源法師也被視為觀音的化身。據說觀音為了拯救眾生，會幻化成三十三種不同姿態；人們相信良源法師在籤紙上畫出三十三個豆粒大小的「豆大師」神籤，也具有消除災難的力量。

輪王寺的阿彌陀堂位在進入山門（佛寺大門，又稱三門）後的右側，正中央後方供奉**阿彌陀如來像**；左側是**地藏菩薩像**；右側則是**虛空藏菩薩像**。這些佛像最初都毀於戰火，近年來才修復完成。

阿彌陀如來像、地藏菩薩像相當常見，但供奉虛空藏菩薩像的寺廟並不多。虛空藏菩薩擁有**如同廣大宇宙般的無窮智慧與慈悲**，據說參拜後，在智慧、知識、記性方面都將獲益匪淺。大家下次來此地參訪時，別忘了多膜拜幾下。

虛空藏菩薩像

寬永寺舊本坊表門

這座漆黑的山門位於輪王寺的輪王殿（現為殯儀館）前，從西鄰的東京國立博物館境內移建而來。造型莊重且古風盎然，上頭還留有 1868 年上野戰爭的彈痕。

7 伽藍意指僧眾所居住的園林。

8 良源法師為平安時代中期的天台宗僧侶，一般通稱元三人師。謚號慈惠大師。

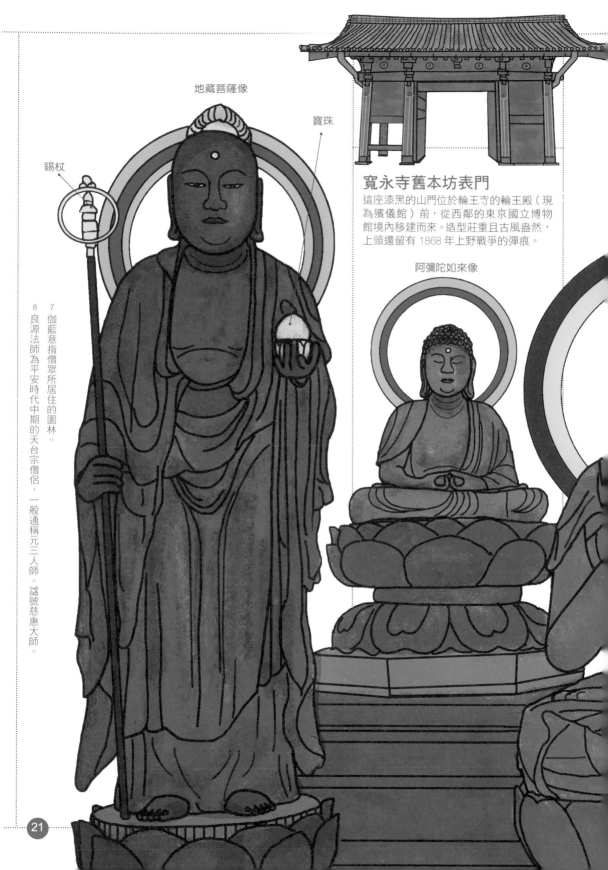

釋迦牟尼竟然是從腋下被生出來的？

摩耶夫人像 東京國立博物館

Ueno・Asakusa ④

台東區上野公園13-9
03-5777-8600
（Hello Dial）

位於上野公園的東京國立博物館創立於一八七二年，是全日本最古老的博物館。其本館於一九三八年開館，由知名建築師渡邊仁設計。渡邊知名的建築作品還有位於銀座的和光（Wako）百貨。值得注意的是，現存的東京國立博物館本館並非第一代，初代本館由英國建築師喬賽亞・康德[9]（Josiah Conder）設計，是一棟二層樓的紅磚建築，於一八八二年開館；後於一九二三年因關東大地震而損毀。

法隆寺寶物館也隸屬東京國立博物館的展覽空間，裡頭收藏了三百多件寶物。法隆寺於一八七八年將寶物敬獻給皇室，並於二戰之後移交日本政府保管，一九六四年對外開放。現存的寶物館為新造建築，於一九九九年開館；其中，飛鳥時代（五九二年～七一〇年）的金銅佛像堪稱傑作。

我最喜歡的館藏是釋迦牟尼的母親，**摩耶夫人像**；位於法隆寺寶物館一樓後方。摩耶夫人像只有一六．五公分高，就一般佛像的高度來看非常嬌小。這尊佛像描述的是，摩耶夫人為了生產而返回故鄉，在中途的藍毗尼園伸手攀折無憂樹的花朵時，那一瞬間，**釋迦牟尼就直接從她的腋下被生出來了**（據說古代印度的貴族都是從腋下出生的）。摩耶夫人的周圍還另外配置了三尊祝賀生產的天人群像；另一個亮點是，釋迦牟尼一出生就是雙手合十的姿態，十分可愛。

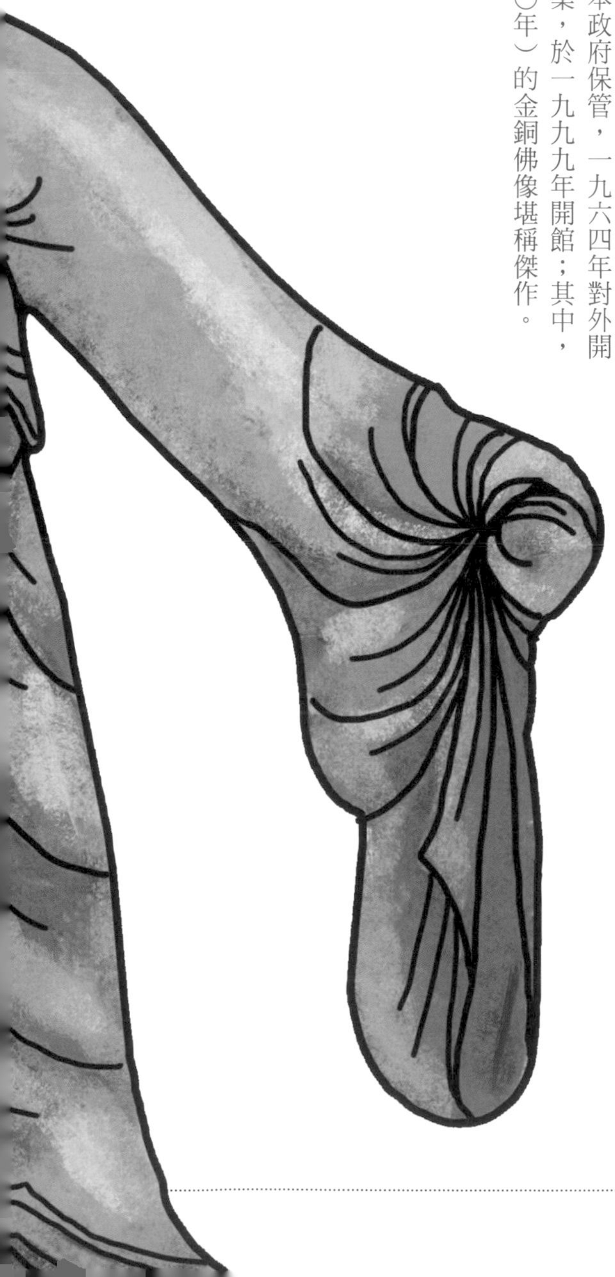

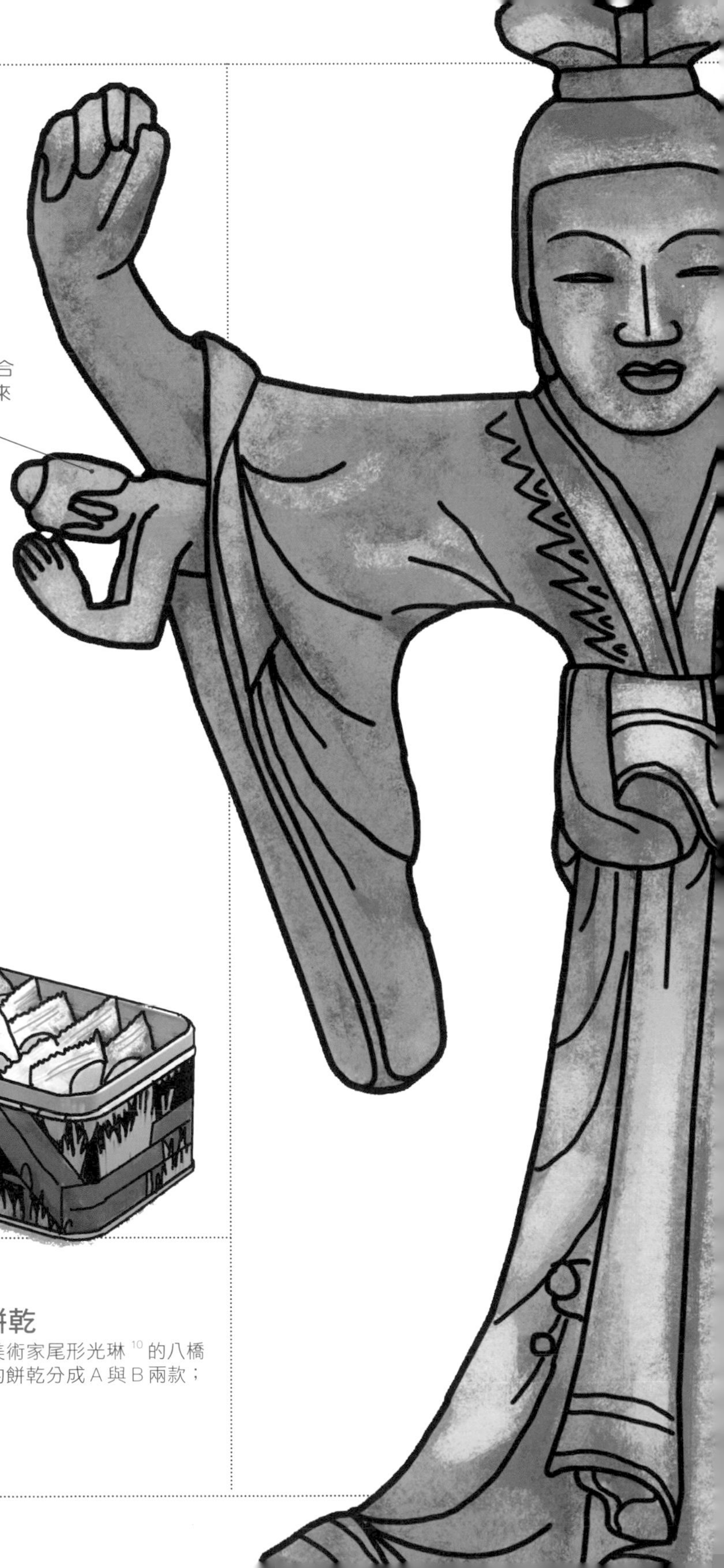

八橋蒔繪螺鈿硯箱盒裝餅乾

餅乾外盒的圖樣，臨摹自江戶時代美術家尾形光琳[10]的八橋蒔繪螺鈿硯箱（日本國寶）。裡頭的餅乾分成A與B兩款；東京國立博物館本館裡的商店有售。

9 喬賽亞·康德（一八五二年～一九二〇年）為英國建築師，在明治時期前往日本擔任御雇外國人。曾為東京設計許多公共建築物，包括明治時期西化的爭議性象徵——鹿鳴館。多位得獎的日本建築師如辰野金吾、片山東熊都是他的門生，康德因而有「日本現代建築之父」的美稱。

10 尾形光琳（一六五八年～一七一六年）為日本江戶時代的男性畫家、工藝美術家；琳派代表人物之一。

存在感十足、威風凜凜的佛法守護神

多聞天王立像 天王寺

位在JR日暮里站旁的天王寺，最初是日蓮宗的寺廟，名為感應寺，後因彈壓而改宗為天台宗。而在改宗的過程中，供奉在京都鞍馬寺比叡山西北角的**多聞天王立像**，曾成功守護了平安京（京都的舊名）。此後，多聞天王便被視為御本尊，並從比叡山遷移至江戶（東京的舊名）寬永寺西北方的天王寺，祈求祂能守護此地的安危。

然而，在明治時代之後，天王寺的御本尊變成了現在的阿彌陀如來坐像；多聞天王立像更從江戶時代後期起，被列為**谷中七福神之一**。

現在的天王寺境內，穿過山門後，正面是模仿奈良十輪院所改建的本堂；內有江戶時代打造的大佛（銅造釋迦如來坐像）。位於本堂右側的毘沙門堂（日本稱多聞天王為毘沙門天），便供奉著多聞天王立像，以及江戶時代打造的吉祥天與善膩童子。

這尊多聞天王立像是由一整塊檜木打造而成，高度為一一六・八公分，完成於平安時代中期（十世紀）。多聞天王站在邪鬼身上，左手端著寶塔；右手握著寶棒。大袖上宛如荷葉邊般的衣紋十分漂亮。至今祂仍以這般威風凜凜之姿，盡心守護著東京。

值得注意的是，毘沙門堂平日並不對外開放，**唯有每年一月一日～十日的谷中七福神巡禮才會公開展示**。

左手端著寶塔

被踩在腳底下的邪鬼

Ueno・Asakusa 5

台東區谷中7－14－8
03-3821-4474

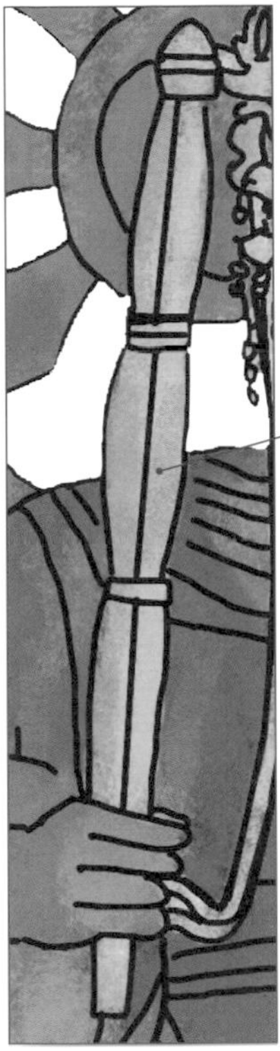

右手握著寶棒

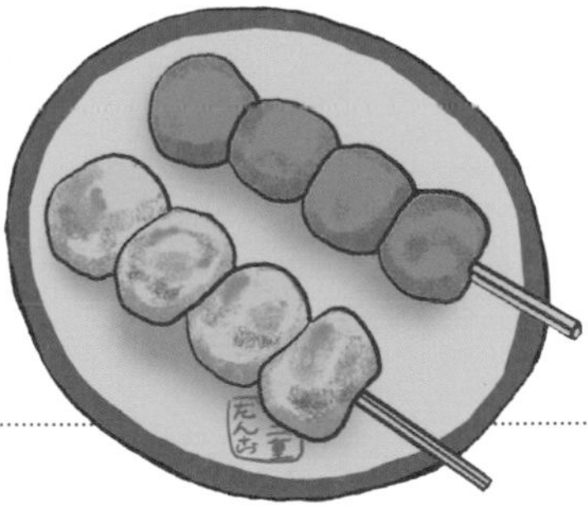

羽二重糰子

這家販售羽二重（絲綢）糰子的小店，位於 JR 日暮里站的軌道對面。此為江戶時代流傳至今的傳統點心，因口感綿密如絲綢而得名。有醬油烤糰子和包餡糰子兩種口味。

又被稱為濕佛的二尊佛

觀世音菩薩像、勢至菩薩像（二尊佛）

淺草寺

淺草寺是**東京都內歷史最為悠久的寺廟**。同時也是坂東三十三處觀音巡禮（坂東三十三箇所）＝的第十三站。淺草寺原屬天台宗，第二次世界大戰後自立門戶，成為聖觀音宗的總本山。寺裡的御本尊為聖觀音菩薩像，通稱「淺草觀音」或「淺草的觀音大士」。

雖然御本尊聖觀世音菩薩像為祕藏佛像，信眾無法親自參拜，但淺草寺境內仍有各式各樣的佛像值得參訪。其中我最喜歡的，是位於寶藏門右前方，以金銅打造的**二尊佛**。這兩尊菩薩並未被安置在堂內，而是露天在外，遇到下雨天就會被淋濕；為此，兩位尊駕便以**「濕佛」**的稱號名聲大噪。

面對兩尊佛像時，右手邊是觀世音菩薩像，左手邊則是勢至菩薩像。佛像的高度有兩百三十六公分；如果再加上蓮花臺的話，大約有四百五十公分，相當巨大且醒目。蓮花臺上清楚地記錄了這兩尊佛像的來歷。此二尊佛是江戶時代初期，由神田鍋町的雕佛師太田久

Ueno・*Asakusa* 6

台東區淺草2-3-1
03-3842-0181

衛門正儀打造。委託人是居住在上野國（現在的群馬縣）的高瀨善兵衛，據說是為了報答過去擔任公職的主人成井一家。其中觀世音像是為了弔唁成井主人的恩情；勢至像則是祈禱成井家的子孫代代繁榮。

通常觀世音菩薩像和勢至菩薩像的中間，還會有一尊阿彌陀如來像，三者以「三尊」的形式登場。淺草寺卻將這兩尊脅侍（配置在主神兩側的佛像）單獨呈現，十分少見。更特別的是，以脅侍身分被供奉時，觀世音菩薩像多以雙手手掌捧著蓮花，淺草寺這尊觀世音菩薩卻僅用左手拿著蓮花；另外，兩尊菩薩在手臂外側環繞成圓形的輕薄天衣，也和其他佛像大不相同，我很喜歡這個特異之處。

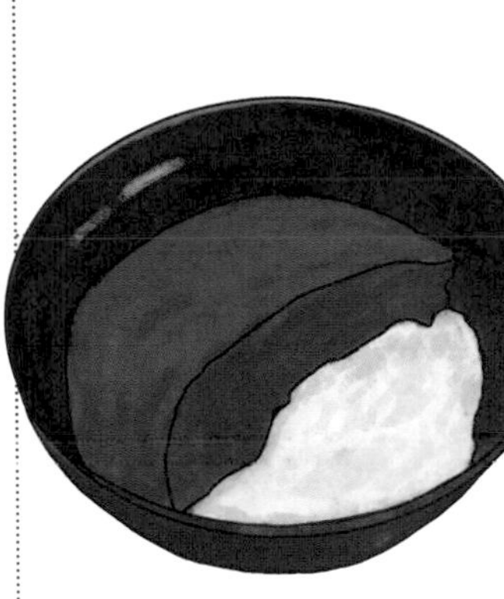

栗善哉

「梅園」位於淺草仲見世通隔壁的街道，這間老字號的和菓子專賣店開業於 1854 年，至今已有 160 餘年歷史。店裡販售的栗善哉[12]（awa-zenzai）混合了糯米糕與紅豆泥，嘗得到恰到好處的顆粒感。

11 坂東三十三箇所指神奈川縣、埼玉縣、東京都、群馬縣、栃木縣、茨城縣、千葉縣的三十三座觀音靈場。

12 善哉為梵語 sādhu 的音譯，原為「契合我意」的稱嘆語；後引申為「佛心慈善」之意。在日本，善哉又指兩種不同的點心。關西一帶為「紅豆麻糬湯」或「紅豆湯圓湯」；關東地方則指「沒有湯汁、表面覆蓋紅豆泥的糯米糕」。

來自韓國，全身上下皆是謎團的佛像

菩薩立像 保元寺

保元寺創建於奈良時代（七一〇年～七九四年）後期。由於地點位在橋場（台東區町名）渡口附近，緊鄰隅田川，交通十分便利。最初，此寺院以「石濱道場」的形式存在；十二世紀中葉時，便取當時的元號「保元」，將寺院命名為保元寺。

這尊神祕的**菩薩立像**被安置在面向本堂正面左側的佛龕裡，其外觀有種異國佛像的氛圍；底座則寫有「**高麗國彌勒寺**」。由此可知，這應該是當初朝鮮半島上高麗國的彌勒寺所打造的佛像；後來不知道因為什麼緣故，飄洋過海地被供奉在這座寺廟裡。

另外，佛像的底座上還寫著「**海月光大明菩薩**」，這個有點陌生但又頗有氣勢的名字。（順道一提，「海月光大明菩薩」這幾個字曾在《華嚴經》裡曾出現過。）不過，這尊佛像最後只單純地以「菩薩立像」四字申報為文化財。

保元寺的菩薩立像有著一張又大又圓的臉，和日本長壽漫畫《海螺小姐》中的登場人物磯野鰹有點像，實在可愛，我個人很喜歡。只見祂腰部纖細、身材消瘦，從側面看呈現S字形，小腹則向外突出；更特別的是，一般的菩薩像多以左手持蓮花，這尊菩薩則以右手持蓮花。此外，菩薩頭上戴著大尺寸的寶冠；裝飾用的瓔珞垂吊在胸前和衣服上，十分華麗。值得注意的是，此佛像平時並不對外開放，但**只要事先預約，就可以前往參拜**。

Ueno・Asakusa 7

台東區橋場1-4-7
03-3873-4448

圓潤的大臉

華麗的配飾

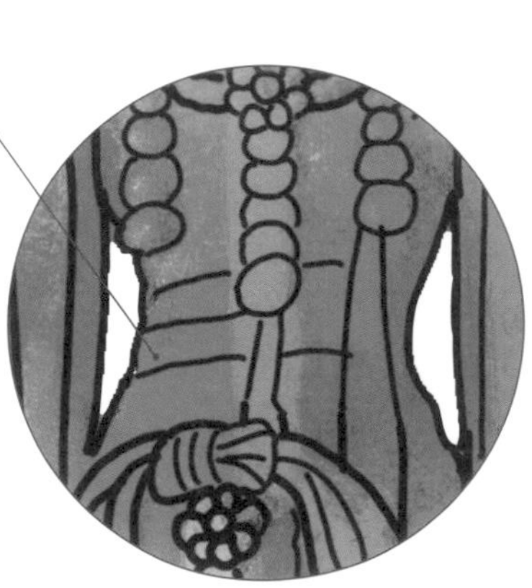
纖細的腰身

橋場的妖怪地藏

這兩尊地藏位於保元寺北邊，之所以被稱為妖怪地藏，有以下兩個說法：其一是身高較高的那尊地藏，過去曾戴著一頂大斗笠，據說那頂斗笠會自己改變方向。此外，也有人說是因為這兩尊地藏的身高相差太多，看來實在奇怪的緣故。

底座上寫著「海月光大明菩薩」等文字

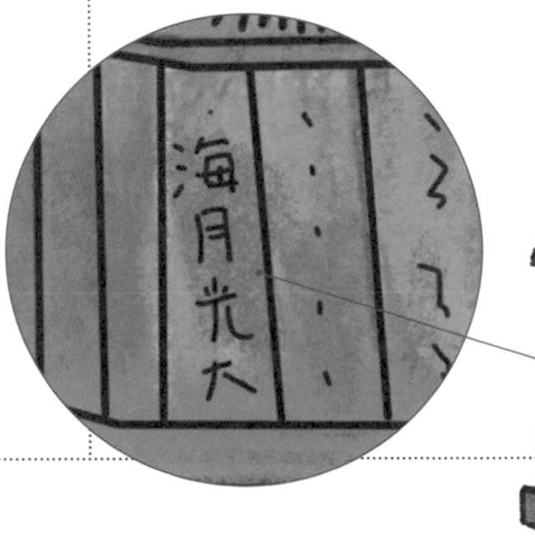

目黑周邊

目黑區的周邊有許多能量滿點的佛像，氣場強大到讓人忍不住懷疑：「這裡真的是市中心嗎？」（照理來說，供奉在深山裡的佛像應該比較厲害吧？）另一項優點在於，這些佛像大多集中在同一區域，腳程若是快一些，便可在一天內逛完所有寺廟。

❶ 大圓寺（通稱：大黑寺）
目黑區下目黑 1-8-5
03-3491-2793

❷ 五百羅漢寺
目黑區下目黑 3-20-11
03-3792-6751

❸ 蟠龍寺
目黑區下目黑 3-4-4
03-3712-6559

❹ 瀧泉寺（通稱：目黑不動尊）
目黑區下目黑 3-20-26
03-3712-7549

Meguro

南北線
三田線
山手線
目黑通
目黑新橋
目黑站
atré目黑2
1
行人坂
目黑雅敘園
目黑寄生蟲館
下目黑郵局
東京都
目黑區
杉野服飾大學
3
不動公園
2
4
東急目黑線
品川區
山手通
首都高速中央環狀線
不動前站
0
200m

相貌堂堂的清涼寺式釋迦如來像

釋迦如來像 大圓寺（通稱：大黑寺）

Meguro
❶
目黑區下目黑1-8-5
03-3491-2793

大圓寺位在目黑站西口往目黑雅敍園（飯店）的陡峭下坡（行人坂）途中。寺院境內左側整齊排列著石造五百羅漢群像，據說是為了紀念一七七二年「明和大火」的火災受難者。大圓寺的本堂安置著大黑天、十一面觀音像，面向本堂的右側大廳，有許多與八百屋於七事件[13]相關的佛像，而面向本堂左側的釋迦堂，則供奉著**清涼寺式釋迦如來像**（重要文化財）。

一般來說，如來的頭髮都是彷佛電棒燙的螺髮；身上則披著簡單的袈裟。然而，清涼寺式的釋迦如來像很不一樣。清涼寺位於京都，裡頭供奉著一尊髮型以繩紋捲繞而成的釋迦如來像；其身上的衣飾則是覆蓋雙肩的「通肩」。由於清涼寺的釋迦如來像十分受歡迎，因此後世便打造了好幾尊復刻佛像，大圓寺裡的這位尊駕就是其中之一。最初被安置在鎌倉釋迦堂之谷的釋迦堂裡，後來才遷移至此。其相貌堂堂的五官和雄偉的身軀，給人相當可靠的印象。

這尊釋迦如來像大約打造於鎌倉時代（一一九二年～一三三三年），高度有一六二．八公分，材質是日本榧樹，雕木技法為割矧造[14]。因為是祕藏佛像，每年只有**一月一日～七日、四月八日和甲子祭**（基本上一年有六次）、**十月下旬至十一月初的「東京文化財週」**（每年不同，建議上網查詢）、**跨年日（十二月三十一日晚上十一點～至一月一日凌晨兩點）**才會開放，信眾可隔著入口的玻璃門參拜。

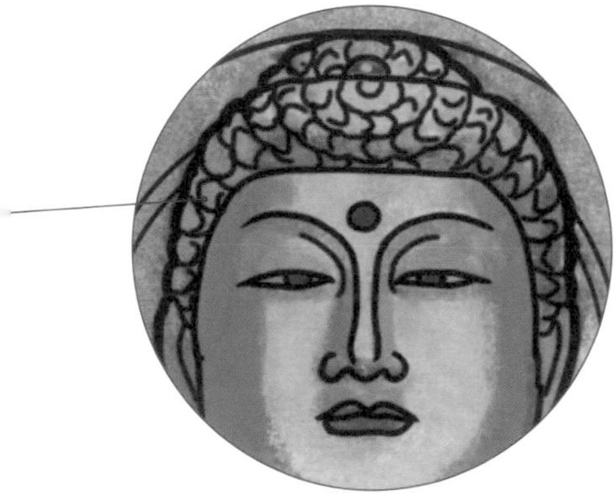

以繩紋捲繞而成的髮型
（清涼寺式）

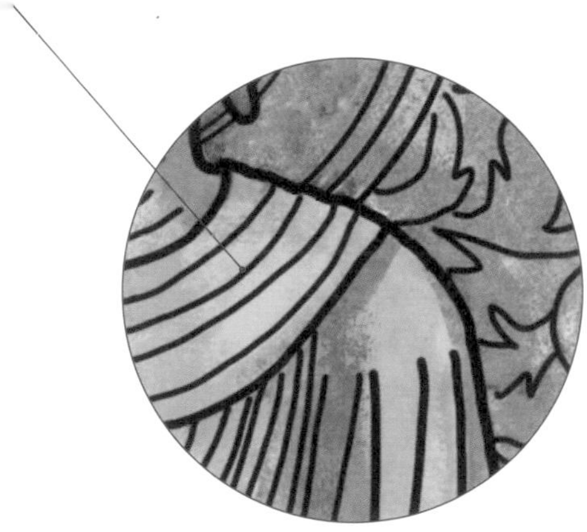

衣飾為覆蓋雙肩的「通肩」

良緣成就符

大圓寺內有售良緣成就符，最大特色在於裡頭有一枚綁了佛教五色線的金色戒指。如同命運的紅線那樣，可保佑戀情順利。良緣成就符還有另一款式可選，裡頭裝有於七地藏。

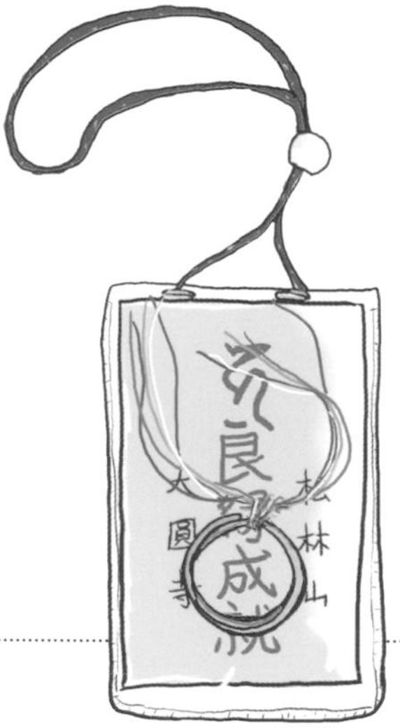

東京文化財週

13 八百屋於七事件為江戶時代的社會案件，八百屋（蔬果店）的女兒於七為了愛情而縱火，事發後遭處以火刑。據說女主角於七死後成了佛，因此大圓寺內也供有一尊「於七地藏」。

14 割矧造為雕刻技法之一，為防止佛像乾裂、鬆脫，工匠會直接切割整塊材料，施以內剜等處置後再接合起來。

一次便可參拜各種佛像的理想之境

五百羅漢像　五百羅漢寺

五百羅漢寺創建於一六九五年，最初的地點在本所五目（現在的江東區大島），是間相當知名的大型寺院。其勢力在明治維新時期衰退，寺廟便遷移至本所區綠町；又於一九〇八年轉移到現址。

五百羅漢寺的開基者（創立者）是名為松雲元慶的高僧。據說松雲元慶看到九州大分縣羅漢寺的五百羅漢石像後十分感動，便決心仿效。他花了十幾年的時間，獨自一人製作了超過七百尊的各式佛像，現在僅存三百零五尊。順道一提，所謂羅漢，是指「值得尊敬的修行者」。

進入五百羅漢寺的羅漢堂後，映入眼簾的是排列在階梯上的眾羅漢像。本堂裡也是同樣的光景，左右的階梯上供奉著許多羅漢像；正中央為手持蓮花，擺出「拈華微笑」之姿的**釋迦如來像**；一旁則有十大弟子中的**摩訶迦葉尊者**和**阿難陀尊者**。位於前方右側的是**文殊菩薩像**；左側則是**普賢菩薩像**。

我要特別向各位介紹這尊普賢菩薩像。通常普賢菩薩像都是把頭髮高高盤起，這位尊駕則是**把頭髮全部往後梳**，**十分現代化的油頭造型**，意外地速配好看。

五百羅漢寺的供奉對象眾多，來此處走一趟就能參拜各種佛像。不論是臉部細節或是姿態都各異其趣，實為佛像愛好者的理想之境。

Meguro 2

目黑區下目黑3-20-11
03-3792-6751

羅漢茶屋的餡蜜

五百羅漢寺境內設有羅漢茶屋，這裡的餡蜜[15]內含自家製的豆沙塔和種類多樣的水果。茶屋還提供其他精進料理[16]。

15 餡蜜為含紅豆泥、糖蜜、寒天、果乾等配料的傳統日式甜點。

16 精進料理指的是寺廟用來款待貴賓的料理，但不見得是素食，且日本的素食通常含有蔥、蒜、韭菜等五葷，茹素者點餐時還請格外留意。

氣質出眾、五官雅致的阿彌陀如來坐像

阿彌陀如來坐像 蟠龍寺

目黑區下目黑3-4-4
03-3712-6559

Meguro ③

從大圓寺沿著行人坂往下直走，越過山手通之後就會見到蟠龍寺。蟠龍寺供奉的**岩屋弁天是山手七福神之一**。寺院境內有座漂亮的小池塘，過去曾在戶外安置了一座高達四百四十公分的大型金銅佛像。遺憾的是，這尊大佛在一八七一年賣給了法國，現存於巴黎市立賽努奇亞洲藝術博物館（Musée Cernuschi）。

蟠龍寺創建於江戶時代，但最初的位置並不在現址。一七〇九年，增上寺（見第五十頁）的靈雲上人為了復興淨土宗的戒律，便把原本位在目黑行人坂附近的寺廟遷至此處。蟠龍寺的御本尊，便是這尊木造**阿彌陀如來坐像**（東京都指定文化財），打造於平安末期～鎌倉初期，目前供奉於於本堂當中。

本堂的門平時是緊閉的，一般信眾僅能隔著玻璃欣賞御本尊，但**只要得到住持的允許，就可以進入堂內參拜**。據說蟠龍寺曾經有好長一段時期沒有住持，但這中間的來龍去脈外界並不清楚。

這尊阿彌陀如來坐像高度有七十九公分。以寄木造[17]技法製成，有細緻的雕眼、精美的漆箔（就連佛像內部也施以漆箔）。此外，和其他的阿彌陀如來佛像相比，這位尊駕的肉髻較高，螺髮的顆粒則較小；眼睛則是有點上翹的鳳眼，整體五官相當雅致。更特別的是，很少有佛像會直接把卍字刻在胸前（這個卍字應該不是用來象徵佛像的胸毛吧？）；衣服的皺褶則像流水一般柔順飄逸。這般氣質出眾的佛像，肯定受過許多人的膜拜吧。

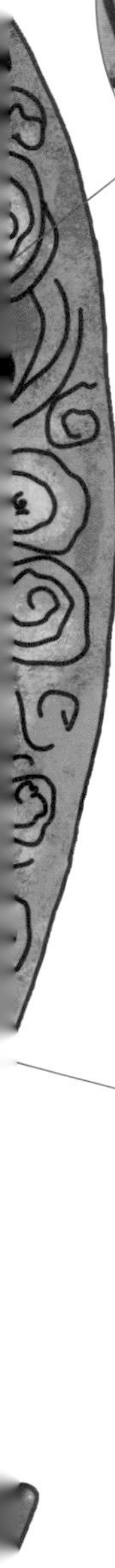

雅致的五官

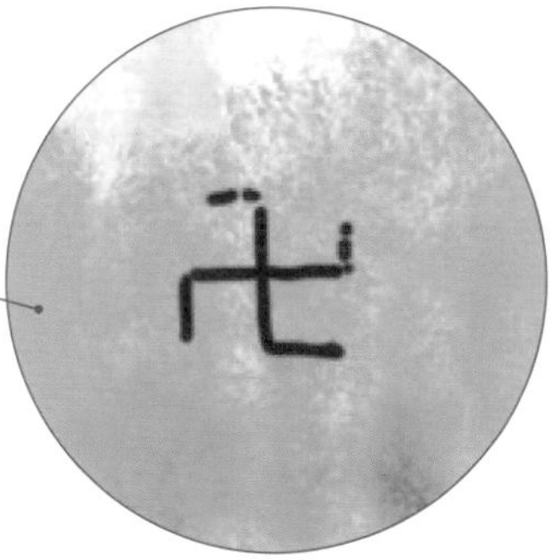

胸前罕見地刻有卍字

17 寄木造為日本佛教藝術用語，即打造佛像時，使用數根木材接合，與「一木造」（使用同塊木材打造佛像）相對。

白地藏

據説只要把化妝用的白粉塗在地藏身上，再把剩下的白粉抹在自己臉上，接著許願，就可以變成美女。因此，這尊地藏的臉上常常塗有白粉和口紅。

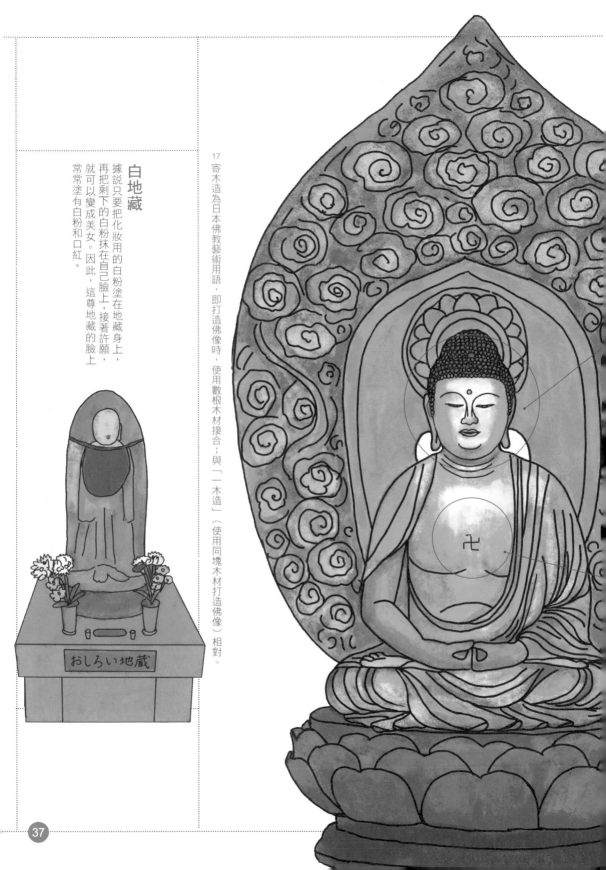

讓人充分感受宇宙能量的大日如來

銅造胎藏界大日如來坐像 瀧泉寺（通稱：目黑不動尊）

Meguro
4

目黑區下目黑3-20-26
03-3712-7549

瀧泉寺又稱目黑不動尊，據說「目黑」這個地名的由來，就是源自於此。過去江戶幕府第三代將軍德川家光為守護江戶城，便依照天海僧正[18]（即天海法師）的建議，將**江戶五色不動**[19]安置在五個固定的位置，而目黑不動就是其中一尊。所謂五色，是指藍、白、紅（赤）、黑、黃，源自於密教的陰陽五行說。

八〇八年，慈覺大師（圓仁）從栃木縣前往比叡山的途中，受到不動明王託夢（靈夢），因而有了想將其安置起來的念頭。後續，他便創建了目黑不動尊這間寺廟（即瀧泉寺），占地十分廣大。據說，圓仁當初為了找出合適的建廟地點，當場拋出了獨鈷（佛具），沒想到獨鈷掉落的地面竟湧出了靈泉，此靈泉就被稱為「獨鈷瀑布」。

由於瀧泉寺的御本尊不動明王為秘藏佛像，平時不公開展示，只有酉年（雞年）的特別期間才會開帳。此外，每逢不動明王緣日（每月的二十八日），寺院裡還會設置市集擺攤，十分熱鬧。

瀧泉寺的本堂後方，則供奉著一尊手施禪定印的**銅造胎藏界大日如來坐像**。其金身閃耀著沉鬱的黑色光澤，亮麗的寶冠和配飾也閃著金光，威風凜凜的姿態十分帥氣。這尊佛像打造於一六八三年，後於二〇一〇年修復，隔年更在佛像上頭建造了覆堂。

在佛教教義裡，**不動明王被視為大日如來的化身**。而大日如來是宇宙之佛，覆堂的天花板上因而繪製了眾多的星宿圖樣，是一尊充滿宇宙神威、給人滿滿能量的佛像。

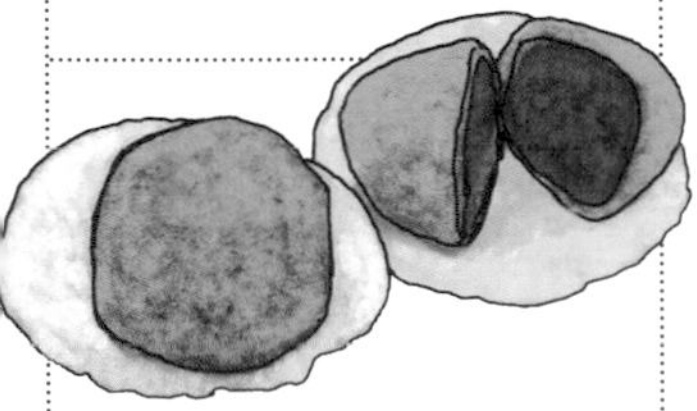

目黑仁王餅

瀧泉寺裡還供奉著一對目黑不動仁王像，這是由當地菓子名店「玉川屋」第三代負責人捐獻的。由於負責人常拿著仁王餅前來奉納，久而久之便成了著名的點心。柔軟的蕨餅裡包裹著豆沙餡，外層則沾滿黃豆粉，香甜不膩口。

18 僧正為僧侶的職稱，可分成大僧正、權大僧正、僧正、權僧正，其中大僧正為僧官制的最高位。天海法師於一六一六年成為大僧正。

19 五色不動為目青不動、目白不動、目赤不動、目黑不動、目黃不動共五尊不動明王的總稱。

品川周邊

品川周邊的佛像雖然都離品川站有點遠，不過，以「品川荒神」聞名的海雲寺、藏有許多文化財的養玉院如來寺、可近距離參拜摩耶夫人與釋迦牟尼誕生像的摩耶寺，這些充滿魅力的寺廟全在此處，相當值得走一趟。

Shinagawa

❶ **海雲寺**
品川區南品川 3-5-21
03-3471-0418

❷ **養玉院如來寺**
品川區西大井 5-22-25
03-3771-4816

❸ **摩耶寺**
品川區荏原 7-6-9
03-3785-5576

（往品川站）
湘南新宿線
東急目黑線
西小山站
東急池上線
荏原
警察署
3
昭和大學
旗之台站
1
東急大井町線
品川
區公所
青物横丁站
1
大井町站
臨海線
東京都
品川區
淺草線
京濱東北線
京急本線
西大井站
2
大井警察署
立會川站
馬込站
馬込圖書館
松原橋
15
東海道新幹線
大田區
橫須賀線
大森站
品川水族館
西馬込站
大森海岸站
0
500m

守護火與水的廚房之神

千體三寶荒神像（替身佛像）

海雲寺

Shinagawa

1

品川區南品川3-5-21
03-3471-0418

海雲寺供奉著的這尊三寶荒神像，從江戶時代開始便以**「品川荒神」**的稱號廣為當地民眾熟知。三寶荒神原本是印度神，負責守護佛、法、僧三寶；在日本則被視為守護火與水的廚房之神。

為何海雲寺的這位尊駕會被加上「千體」二字，成了**「千體三寶荒神」**？據說江戶時代發生島原之亂[20]時，佐賀藩的藩主鍋島直澄出戰天草，並在天草的荒神神社參拜，祈求贏得勝仗。在這之後，突然從天而降千名神兵，協助直澄軍殲滅了所有敵人。為表感謝之意，直澄便將該荒神像奉為「千體三寶荒神」，供奉在江戶的佐賀藩下屋敷（現在的高輪）。後續據說因基督徒毀壞該神社，這尊佛像便被移駕至品川的海雲寺。

千體三寶荒神像的真身被安置在佛龕裡，只有**每年三月的二十七、二十八日和十一月的二十七、二十八日，適逢「千體荒神大祭」時才會開帳**。平時展示的是替身佛像，有著三張臉（每張臉都是憤怒相）、六隻手臂，代表大日如來、文殊菩薩、不動明王三位尊駕。信眾可於拜殿隔著欄杆參拜。

此外，每月的一、十五、二十八日（限定當日的十、十一、下午一點），海雲寺還會舉行護摩[21]。當地信眾會把平時放在家中廚房、供奉在小佛龕裡的三寶荒神像帶來這裡，藉由護摩增加自家神像的神力。

三寶荒神有三張臉

弓

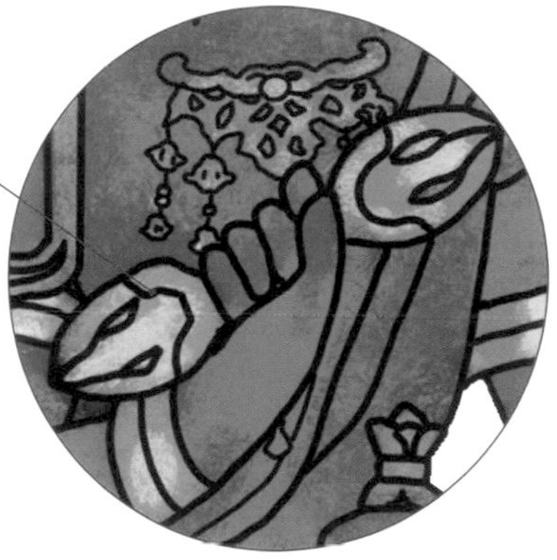

三鈷杵

金剛鈴

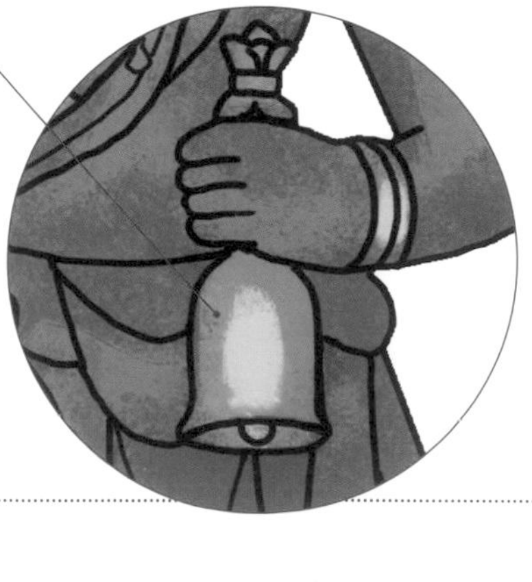

釜鍋米香

海雲寺每年 3 月及 1 1 月的 27、28 日，都會舉行「千體荒神大祭」。露天市集上販售以釜鍋造型命名的吉祥點心「釜鍋米香」。米香的造型為附蓋子的釜鍋，色彩鮮豔，十分可愛。

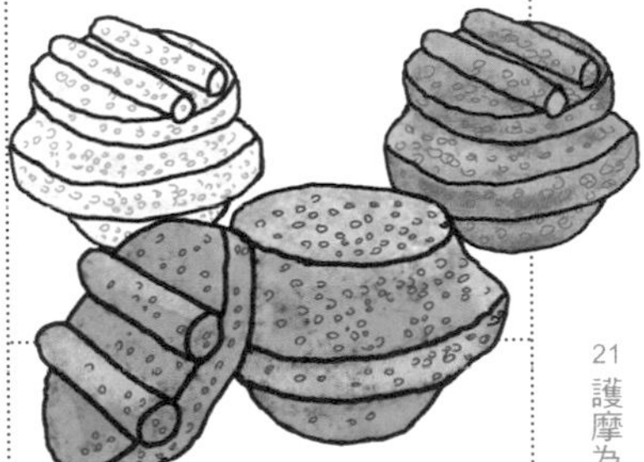

20 島原之亂是江戶時代初期最大規模的動亂，也是幕府時代結束前的最後一場內戰，亦稱島原天草之亂、島原天草一揆，為期超過一年，肇因於高壓政治、重稅等。

21 護摩為梵語 Homa 的音譯，意為火供、焚燒。

五尊並列、震撼人心的大井大佛

五智如來像 養玉院如來寺

養玉院如來寺的山門前，矗立著一座刻有「大佛 如來寺」的大石碑。值得注意的是，漢字雖然同樣寫成「大佛」，讀音卻不是常見的「Daibutu」，而是「Oobotoke」。

養玉院如來寺由養玉院和如來寺兩間寺廟合併而來。如來寺創立於江戶時代寬永年間，最初的位置在芝高輪（東京港區町名）一帶，由雕佛師但唱上人創建。一六三二年，但唱和其弟子於長崎縣打造了**五智如來像**，並千里迢迢地運送至東京，有「高輪大佛」的美稱。一九〇八年，如來寺從芝高輪遷移至現址；一九二六年，如來寺與天海僧正在下谷（東京台東區町名）創建的養玉院合併。

養玉院如來寺境內的後方，有間名為「瑞應殿」的紅色大廳，

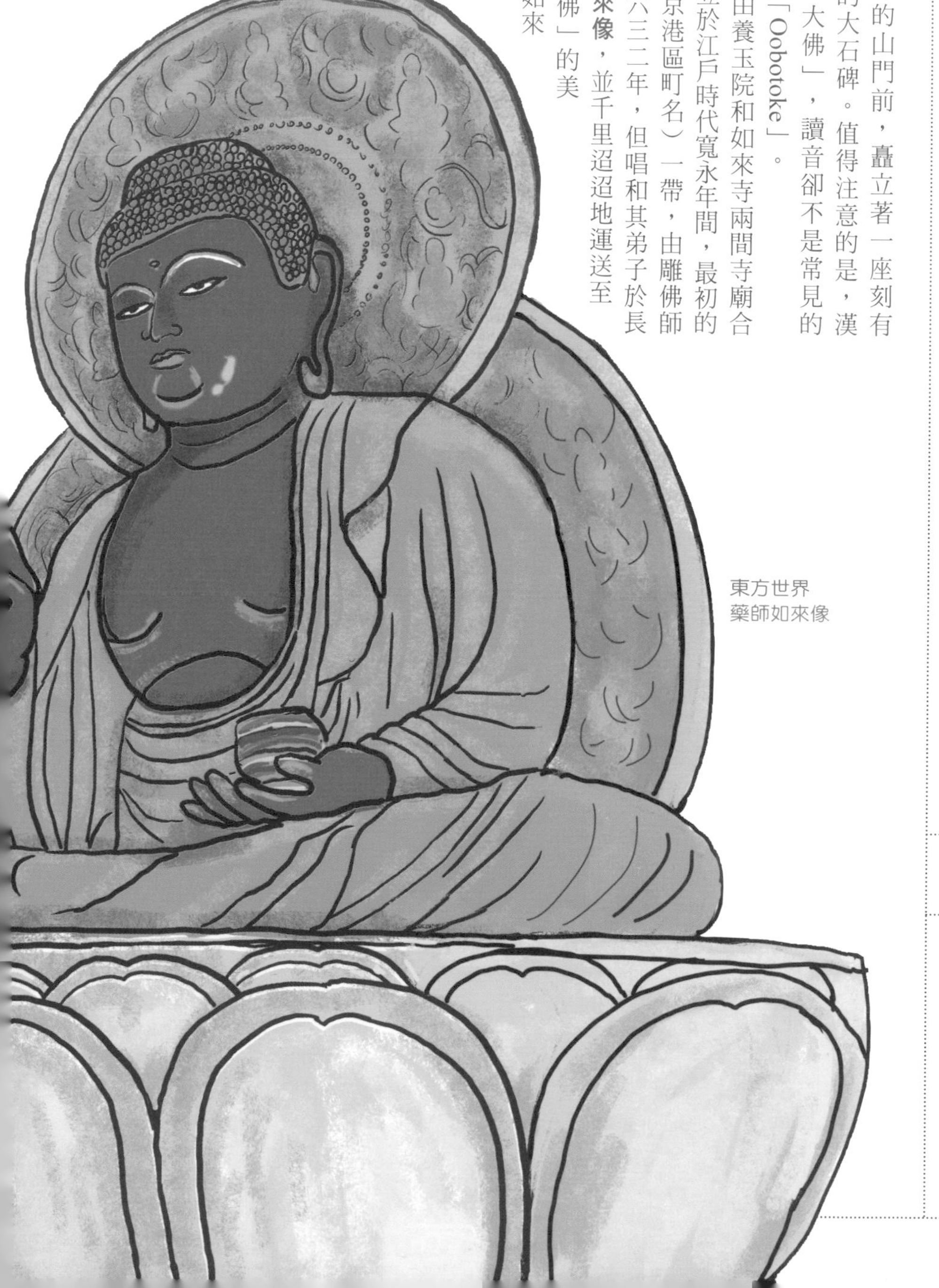

東方世界
藥師如來像

Shinagawa

❷

品川區西大井5-22-25
03-3771-4816

五智如來像就被安置在這裡。最驚人的是，儘管是坐像，高度卻高達三百公分，十分震撼，果然是貨真價實的大佛。

　五智如來像又被稱為「大井的大佛」，分別代表五種佛智，彼此緊密地整齊排列。面向佛像時，從左手邊開始依序為**北方世界的釋迦如來像**、**西方世界的阿彌陀如來像**、**中央大日如來像**、**南方世界的寶生如來像**，最後則是**東方世界的藥師如來像**。能在東京看見五智如來像已實屬難得，尺寸竟然還這麼巨大，實在教人感動。更棒的是，不需要預約就可以前往參拜，這點也十分令人感激。

大森貝塚碑

養玉院如來寺往大森站的鐵道旁，有座教科書上也介紹過的「大森貝塚碑」。用來紀念 1877 年由美國人莫斯（Morse）發現的大森貝塚。

我國最初之發見
大森貝墟
理學博士 佐々木忠次郎書
Relic of Omori Shell Mound
Discovered
by
Professor Edw. S. Morse
in
1877

中央
大日如來像
南方世界
寶生如來像
西方世界
阿彌陀如來像
北方世界
釋迦如來像

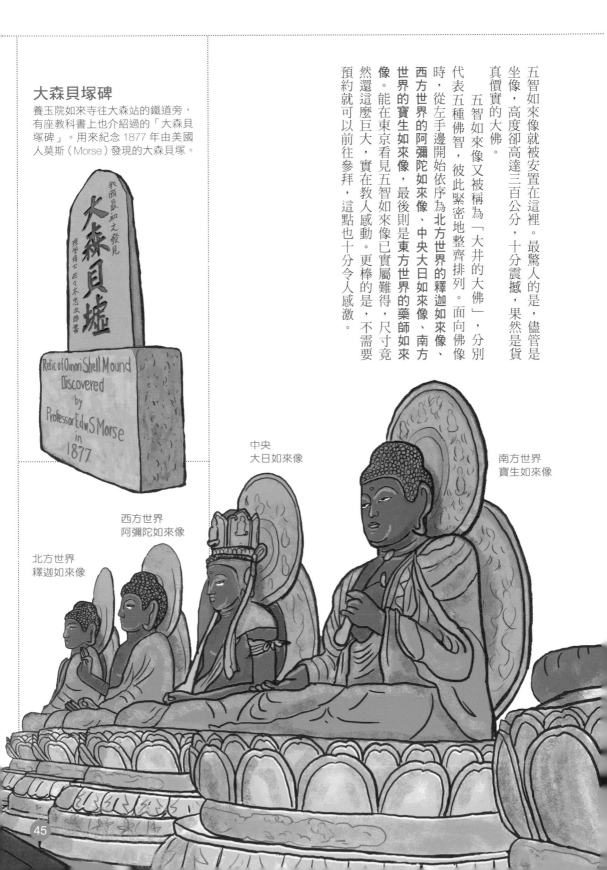

彌足珍貴！釋迦牟尼與母親同臺共演

摩耶夫人像 摩耶寺

摩耶寺的山號[22]為佛母山，正如其名，這裡供奉的是釋迦牟尼的母親**摩耶夫人**。摩耶寺創建於一六六七年。過去幕府對日蓮宗不受不施派（日蓮宗的派系之一）進行彈壓時，這尊佛像便從目黑區碑文谷一帶的法華寺（現在的圓融寺）搬移至摩耶寺。

面向本堂的左手邊，便是供奉摩耶夫人像的摩耶堂，建造於一八三〇年～一八四四年間。儘管經歷了關東大地震和第二次世界大戰等災難，建築物仍得以完整保存。不過，受到長年陳舊腐朽的影響，至今仍定期整建。

摩耶夫人像安置在佛龕裡，屬於小型佛像，高度只有三六．九公分。只見祂站立在雲座（飛雲造型的基座）上，作工細膩繁複，頭頂上還戴著頭冠，身上的雕刻更是精緻華美，與其說是佛像，倒不如說更像人偶。根據其背後的墨筆來看，這尊佛像打造於一六七八年。

摩耶夫人像的前方，還安置著一尊一出生就會站立的釋迦牟尼像，也就是**誕生佛**。誕生佛描繪了釋迦牟尼從摩耶夫人的右腋出生後，馬上下地邁出七步，並手指著天和地，高喊：「天上天下，唯我獨尊。」的模樣。其全身塗滿金色，閃閃發亮地站在蓮花臺上。摩耶夫人的佛像向來少見，更何況是與誕生佛成對出現、母子倆同臺共演的版本，更是彌足珍貴。

值得注意的是，摩耶堂佛龕的門平時都是緊閉的，一年只會開門兩次。公開展示的時間為**五月舉辦的摩耶寺花祭與年末的冬至**，但每年的確切日期不定，建議先行確認。

Shinagawa ③

品川區荏原7−6−9
03-3785-5576

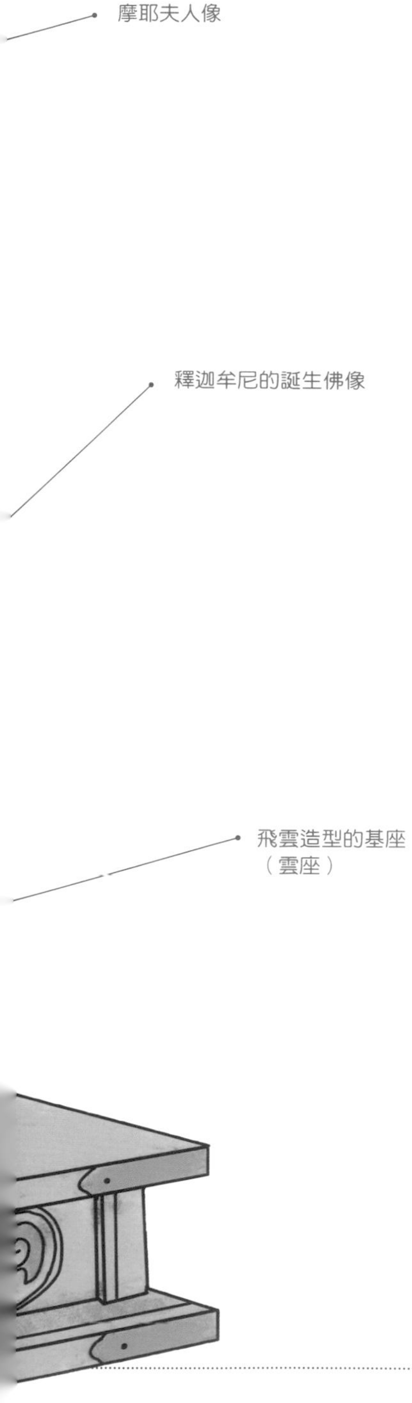

荏原七福神燒酒

品川地區於 1991 年推出了定期的荏原七福神[23]巡禮，摩耶寺供奉的是壽老人。在荏原酒協會加盟店裡，有售當地自產的荏原七福神燒酒。

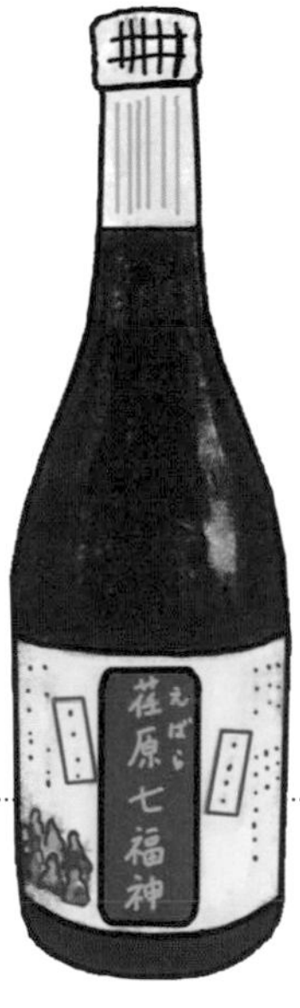

22 山號是佛教寺院的稱號，例如金龍山淺草寺、東叡山寬永寺、三緣山增上寺等。但寺院並不一定有山號，例如奈良的東大寺、法隆寺就無山號。

23 七福神包含福祿壽（智慧財運）、多聞天（開運除厄）、布袋尊（福壽財寶）、弁財天（富貴開運）、惠比壽（商業繁盛）、壽老人（延命長壽）、大國天（大願成就），分別供奉於品川當地的七間寺廟中。

二十三區周邊

本章記述的是散落在東京二十三區的十間寺廟，雖然分布範圍較廣，但只要親自走一趟，就會驚訝地發現：「這裡居然有如此美麗的佛像！」推薦各位以「一次造訪一間寺廟」的方式，細細品味、鑑賞佛像之美。

Around Tokyo 23 districts

1. **增上寺**
   港區芝公園 4-7-35
   03-3432-1431
2. **長谷寺**
   港區西麻布 2-21-34
   03-3400-5232
3. **護國寺**
   文京區大塚 5-40-1
   03-3941-0764
4. **大觀音寺**
   中央區日本橋人形町 1-18-9
   03-3667-7989
5. **法乘院 深川閻魔堂**
   江東區深川 2-16-3
   03-3641-1652
6. **源覺寺**
   文京區小石川 2-23-14
   03-3811-4482
7. **淨真寺**
   世田谷區奧澤 7-41-3
   03-3701-2029
8. **太宗寺**
   新宿區新宿 2-9-2
   03-3356-7731
9. **中井出世不動尊**
   （通稱：中井不動堂）
   新宿區中落合 4-18-16
10. **安養院**
    板橋區東新町 2-30-23
    03-3956-0514

東武東上線
常盤台站
埼京線
王子站
10
西武池袋線
練馬站
池袋站
大塚站
田端站
日暮里站
9
西武新宿線
3
6
山手線
上野站
中井站
高田馬場站
東北新幹線
秋葉原站
淺草站
中央本線
飯田橋站
西武新宿站
新宿站
東京都廳
8
4
皇居
5
京王井之頭線
東京站
東京都
京王線
1
濱松町站
澀谷站
2
豐洲站
小田急小田原線
東急田園都市線
山手京濱東北線
東急東橫線
目黑站
品川站
百合海鷗號
自由之丘站
東海道新幹線
7
東急大井町線
九品佛站
大井町站
東京灣
神奈川縣
0
2km

這尊漆黑的佛像，能保佑你出人頭地

阿彌陀如來像（黑本尊替身佛像）增上寺

港區芝公園4－7－35
03-3432-1431

增上寺位於東京鐵塔附近，是相當知名的觀光景點。儘管現在的占地已相當遼闊，但其實鄰近東京鐵塔的王子飯店，過去也曾經是增上寺的腹地之一。增上寺裡有第二、六、七、九、十二、十四代，共六位德川大將軍的墓地，過去一直受到江戶幕府的嚴密保護。

面向大本堂的右手邊是安國殿，裡頭的佛龕供奉著一尊被稱為**「黑本尊」的阿彌陀如來立像**。這位尊駕深受德川家康崇敬，甚至帶到軍營裡隨行參拜。據傳這尊佛像由比叡山延曆寺的惠心僧都[24]（源信）打造，完成後便敬奉給增上寺，供廣大信眾祭拜，祈求勝運、消除災難。

由於黑本尊是祕藏佛像，平時無法參拜。每年只有三次開帳，分別是**一月十五日、五月十五日、九月十五日的上午十點～下午四點**；下午兩點開始的「正五九祈願會」結束後，黑本尊還會被移駕到內陣（堂內安置佛像的中央部分），信眾可更貼近其真身參拜。

平時安放在佛龕前的，是用來來代替御本尊的替身佛像。至於黑本尊這個名稱的由來，自然是佛像全身漆黑的緣故。有人說是因為佛像被經年累月的香火暈黑的關係；也有人說是因為阿彌陀如來以身體承受眾生的惡事災難，所以才會變黑。儘管全身漆黑，很難一眼看清其樣貌，這尊佛像的存在感卻十分強烈，光是參拜，就能充分感受佛像的神力，保佑信眾能像德川家康那般前程似錦、出人頭地。

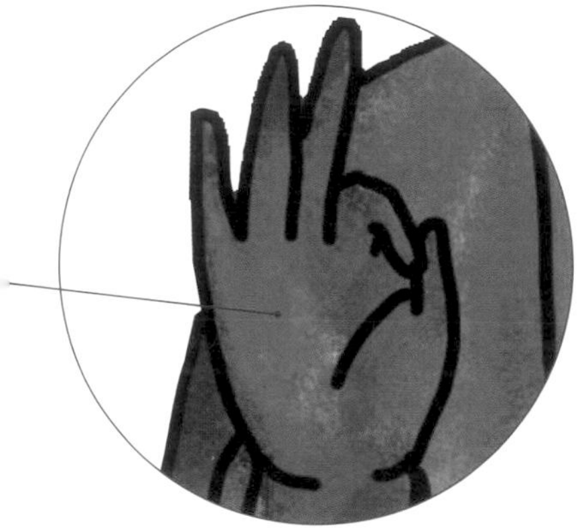

手施來迎印，此為阿彌陀如來的特徵

全身漆黑，存在感十分強烈

祈求勝運符

靈感來自於增上寺的黑本尊，以銀線在黑布繡上「勝運」二字，文字上方則有德川家的家紋。據說可帶來必勝的好運，使每件事都往好的方向發展。

21 僧都為僧官制的其中一階，地位僅次於僧正。

有著現代五官的長谷寺式十一面觀音

十一面觀音像 長谷寺

Around Tokyo 23 districts 2

港區西麻布2-21-34
03-3400-5232

西麻布的這間長谷寺，位於根津美術館後方，可以遠眺六本木新城（六本木 Hills）。提到長谷寺，一般人大多會聯想到奈良和鎌倉（兩地都有名為長谷寺的寺廟），值得注意的是，雖然漢字都寫成「長谷寺」，但位於西麻布的這間唸作「Tyoukokuzi」，而不是「Hasedera」。此外，西麻布長谷寺還是位於福井縣曹洞宗大本山永平寺的別院。

穿過山門之後，一眼就能看見位於右手邊的觀音堂。裡頭供奉著一尊十公尺高的巨大**十一面觀音像**，別名**「麻布大觀音」**。

因為使用的材質、動作姿態皆相同，西麻布長谷寺的觀音像，與奈良、鎌倉的長谷寺裡供奉的觀音，並稱為「日本三大長谷大觀音」（長谷寺式十一面觀音）。可惜的是，最初的西麻布長谷寺觀音像，已在一九四五年的空襲中慘遭燒毀；現存的這尊觀音像，是雕佛師大內青圃在一九七七年以樟木重製而成。據說大內青圃以香淳皇太后（昭和天皇的皇后）的相貌為原型，因此這尊再製的佛像有著高貴且現代化的五官，其眼神更是溫柔慈祥。

十一面觀音像通常只會手持水瓶，但長谷寺式十一面觀音像的**右手則多了佛珠和錫杖**；又因錫杖是地藏菩薩專屬的法器，所以信眾相信長谷寺式十一面觀音兼具觀音和地藏兩者的德性，給人更加法力無邊的印象。就我個人經驗，參拜時完全沒有威壓之感，反而有種被環抱的溫暖。

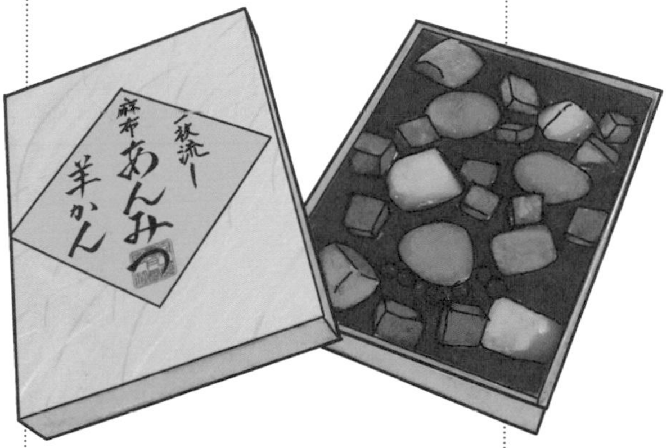

一枚流麻布餡蜜羊羹

從長谷寺出發，越過六本木通後，再走一段路就可抵達麻布昇月堂。這款一枚流麻布餡蜜羊羹裡加了寒天、求肥和栗子等餡蜜配料，宛如寶石盒一般五彩繽紛，光是用眼睛欣賞即是一大享受。

閃閃發亮、光彩奪目的如意輪觀音像

如意輪觀音像 護國寺

Around Tokyo 23 districts 3

文京區大塚5－40－1
03-3941-0764

在東京地鐵有樂町線的「護國寺站」下車後，馬上就能看到護國寺。護國寺建於一六八一年，由江戶幕府第五代將軍德川綱吉的母親桂昌院女士發願建造。寺內的御本尊為**如意輪觀音像**，是一尊桂昌院女士帶在身邊的念持佛[25]，以天然琥珀製，高約六寸五分（一九．六九五公分）。然而，這尊如意輪觀音像是絕對祕藏佛像，換句話說，任何人都無法接近參拜。

現在供奉在本堂（觀音堂）的御本尊是木造如意輪觀音像。這尊佛像被供奉在本堂內陣的佛龕裡。平常時，佛龕的門都是緊閉的，唯有**每月（五月除外）十八日的月開帳、四萬六千日緣日（七月九日、十日）**，以及**新年初詣期間（一月五日前）**才會公開展示。

這尊木造如意輪觀音像，由堀田正虎（幕府大老堀田正俊之子）的母親榮隆院尼女士捐贈。佛像的頭部打造於平安時代後期；採單膝曲起、腳底相互貼合的坐姿；六隻手臂中的一隻手貼著臉頰、頭部略微朝下，另隻手則向後撐著身體，散發出閒散的氛圍。其餘的四隻手，則分別拿著可實現願望的如意寶珠、法輪、佛珠、蓮花。此外，觀音的頭上還戴著閃閃發亮的華麗頭冠，胸前則佩戴著光彩奪目的配飾，是一尊令人幾乎無法移開視線的美麗佛像。

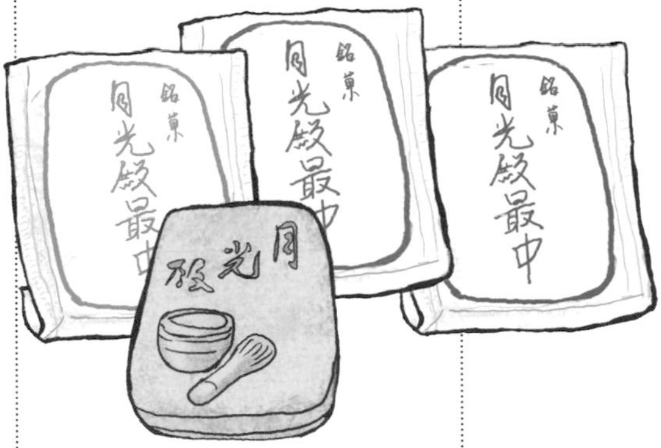

月光殿最中

月光殿最中[26]以護國寺的重要文化財月光殿命名。又因護國寺經常舉辦茶會，最中上頭印了茶碗和茶刷圖案；有紅豆餡、紅豆泥、白餡口味。護國寺正門口面對羽音通的菓子店甲月堂有售。

25 念持佛為個人放置在身邊，作為私人參拜之用的佛像。

26 最中是傳統的日式點心，將糯米粉溶於水中桿成薄皮，放入模型中烤製成型，再將紅豆餡填入烤好的外皮中。

慈悲與魄力兼具的巨大佛頭

鐵製菩薩頭 大觀音寺

中央區日本橋人形町1-18-9
03-3667-7989

大觀音寺位在沿著東京人形町的熱鬧街道走，稍微深入隱密一些的位置。這裡的御本尊是巨大的**鐵製菩薩頭**。明明只有一顆頭，高度卻高達一百七十公分。更特別的是，佛像一般給人慈悲為懷的聯想，但這顆巨大的佛頭卻兼具了壓倒性的魄力。

只有一顆頭的佛像已十分罕見，鐵製的材質更是相當稀有。據說在鎌倉時代，鐵製的佛像曾在關東和尾張地區[27]造成風潮，但殘存下來的並不多；而這些殘留下來的鐵製佛像，頭頂的部分大多會以鑄銅材質修補。

實際上，大觀音寺的鐵製菩薩頭原本是觀音像的一部分，最早被供奉在鎌倉的新清水寺裡（由源賴朝[28]的正妻北条政子創建），之後因鎌倉時代的一場火災而崩塌損壞。到了江戶時代，觀音像的頭部在鎌倉鶴岡八幡宮前的鐵井裡被挖掘出來。明治初年頒布《神佛分離令》[29]，觀音頭部正要被丟棄之際，人形町的居民用船偷偷地將之載運過來，並在一八七六年的時候，將其供奉在大觀音寺裡。

這顆鐵製菩薩頭平時以祕藏佛像的姿態被收藏著，只有**每月的十一日和十七日才會開帳**。信眾只要在開帳日前往，即可免費參拜。鐵製菩薩頭被安置在後方的佛龕裡，儘管很難看清楚其相貌，但仍可感受到巨大的存在感。就我個人參拜的經驗來看，佛頭的肌膚有點粗糙，乍看會以為這是石造佛像；臉上的表情則帶著些許憤怒，張力十足。

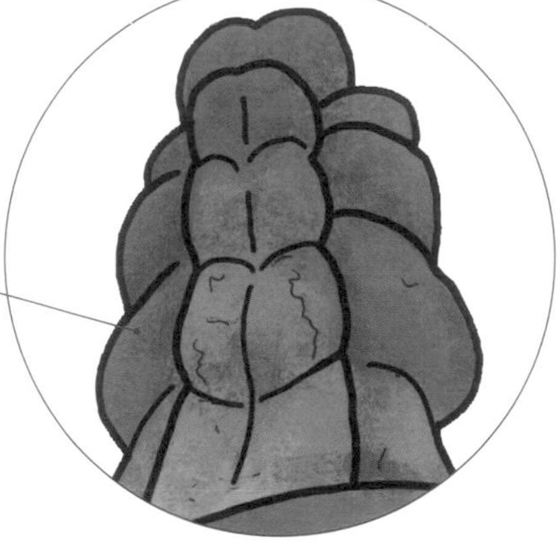

頭頂梳著高高的髮髻

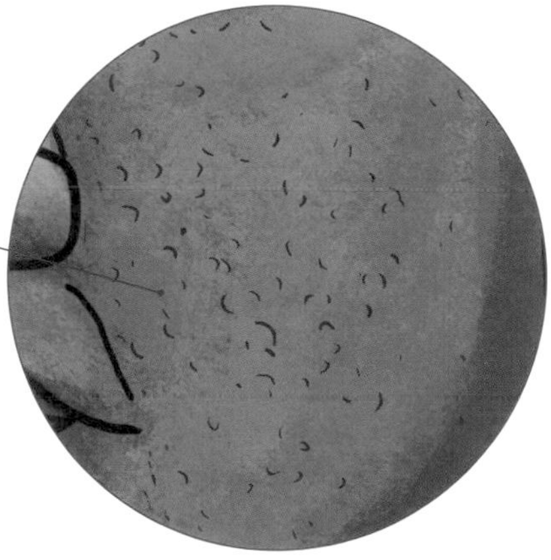

儘管是鐵製佛像，肌膚仍顯粗糙，
給人石造佛像的錯覺

韋駄天

這尊佛像於1983年時被安置在此。據説古時有鬼（指野人、獸人等強悍兇猛的妖怪）竊取了釋迦牟尼的遺骨，遭腳程飛快的韋馱天給追了回來。因此，在馬拉松比賽前，總有許多人前來參拜。

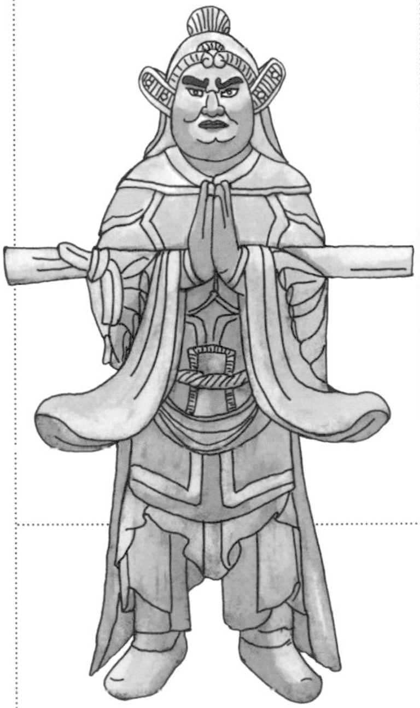

27 此指尾張國，日本古代的令制國之一，屬東海道，亦稱「尾州」，約為現在愛知縣的西部。

28 源賴朝為日本鎌倉幕府首任征夷大將軍。

29《神佛分離令》的正式名稱是《神佛判然令》，頒布於一八六八年，明治新政府欲禁止天皇所信從的神道教與佛教混合所為。

花招盡出、萬梗齊發的高科技閻魔大王

閻魔大王坐像 法乘院 深川閻魔堂

位於江東區深川的法乘院裡，供奉著這尊高達三百五十公分，被稱為**高科技閻魔**的閻魔大王坐像。閻魔大王身上穿著鮮豔的衣裳，據說在江戶時代，歌舞伎町也曾有一尊知名的閻魔大王坐像，後因戰爭而燒毀，信眾們便在一九八九年重新打造了這尊佛像。

為何說祂是高科技（high-tech）閻魔？其實是因為祂的面前放了多達十九種賽錢箱（香油箱），包括擊退癌症、消除霸凌、封印外遇、謊言不被戳破等各種願望。只要投進香油錢，深川閻魔堂內的照明就會自動亮起，聚光燈還會跟著轉動，並播放出感謝的語音，其內容由前住持構思編寫而成，據說共有四十種不同的謝詞。實在是花招盡出、萬梗齊發。

除此之外，這尊佛像還有另一個稀奇的特色，那就是站在閻魔大王左手上的**小型地藏**。這是因為閻魔被視為地藏菩薩的化身。

每月一日和十六日為開帳日，信眾可以進入閻魔堂裡參拜。堂內繪製了花朵和宇宙的地板和牆壁都會點燈，十分耀眼奪目。據說只要膜拜了這尊閻魔大王，死後就能前往極樂世界，絕不會墜入地獄。

堂內有多達19種賽錢箱，可實現各種願望

Around Tokyo 23 districts 5

江東區深川2-16-3
03-3641-1652

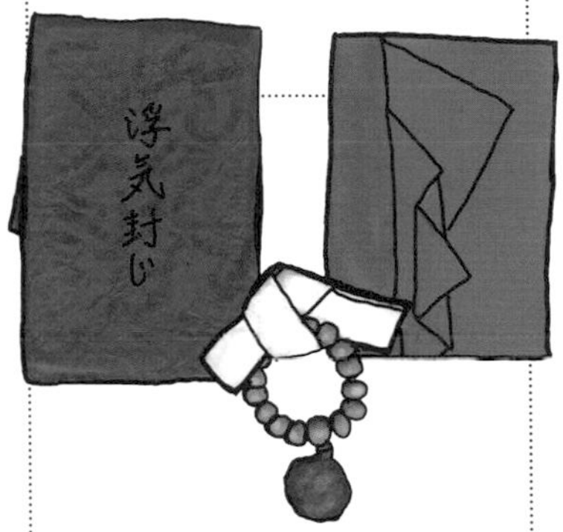
浮気封じ

閻魔左手上有小型的地藏菩薩

封印外遇摺紙

法乘院有售罕見的封印外遇摺紙。把畫有閻魔的紙綁在指念珠上頭，再裝入紅色摺紙袋裡封起來，就可將外遇封印。

王

閻魔大王
閻魔天王
見返り不動明王
うそ封じ
嘘言降伏
ガン封じ
病気平癒
商売繁昌
当厄消除
息災延命
交通安全

代替信眾承受困厄、右眼白濁的閻魔

閻魔大王像（蒟蒻閻魔） 源覺寺

源覺寺位在東京巨蛋附近，前往閻魔商店街的路上。這裡供奉的**閻魔大王像（蒟蒻閻魔）**於鎌倉時代打造，是文京區指定有形文化財。雖然被暱稱為「蒟蒻閻魔」，但並不代表這尊佛像以蒟蒻製成，還請各位不要誤會。

據說在江戶時代的寶曆年間（一七五一年～一七六四年），有位罹患眼疾的老婆婆，以「不吃自己最愛的蒟蒻」立誓，祈求閻魔大王在二十一天內治好她的眼疾。之後，閻魔大王出現在老婆婆的夢裡，並說：「我把我的一隻眼睛給你吧！」老婆婆的眼疾真的在滿願之日痊癒了。

在這之後，閻魔大王的右眼便呈現白色混濁的模樣。老婆婆為了遵守諾言，便不再吃她最喜歡的蒟蒻，並將蒟蒻當成謝禮供奉給閻魔大王。此後，閻魔大王便被暱稱為「蒟蒻閻魔」，或是「替身閻魔」。

另一方面，由於蒟蒻的日語發音和「困厄」相同，因此，也有許多人向閻魔大王許願，請求祂代替自己承受苦難，藉此遠離痛苦與災禍。直到今日，閻魔堂前仍堆滿了許多信眾送來祈求眼疾痊癒的蒟蒻。

雖然這位尊駕的表情實在有點恐怖——睜開的眼睛往上吊、張著大嘴，但其實祂是位會代替眾生承受困厄，非常溫柔的閻魔大王。

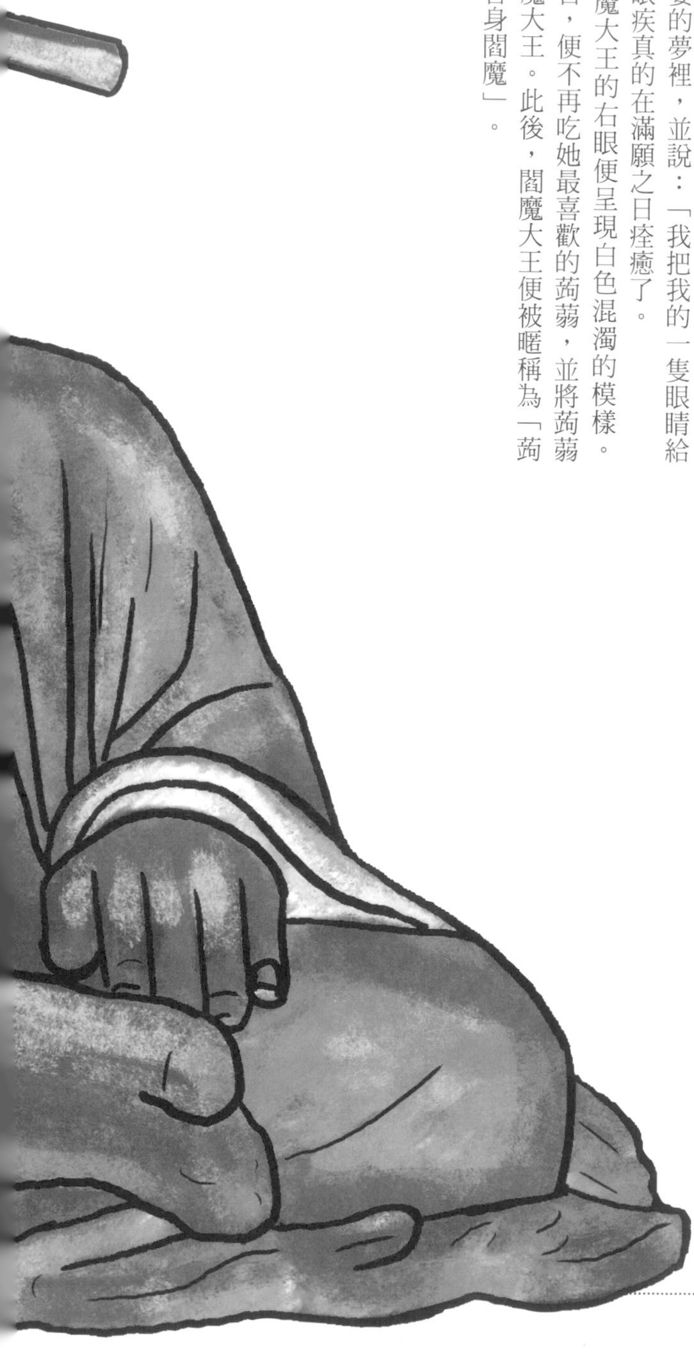

Around Tokyo 23 districts 6

文京區小石川2-23-14
03-3811-4482

鹽地藏

源覺寺內供奉著兩尊全身覆蓋純白鹽巴的地藏。從前人們會用鹽巴刷牙、舒緩牙痛，是非常好用的健康妙方。另外，據說只要把鹽巴塗抹在地藏身上，就可以治療身體相同部位的疾病。

人死後誰來迎接？九品阿彌陀如來像

阿彌陀如來像 淨真寺

供奉著九品佛的淨真寺位在東急大井町線「九品佛站」附近，廣大的占地原本是世田谷城的支城（奧澤城）。本堂的對面是三佛堂，裡頭共有三間祀堂；每間堂裡分別供有三尊**阿彌陀如來像**，共計九尊，這正是站名「九品佛」的由來。

這九尊佛像有著金色閃亮的外觀，頭頂的藍色螺髮正是如來的特徵之一。九品佛由寺廟的開創者珂碩上人打造；每尊佛像的手印都不同，最好的是上品、中品次之，最後則是下品；上品、中品、下品還可再細分為上生、中生、下生，共有九種手印，代表九種不同的等級。人在死亡之後，阿彌陀如來會從極樂淨土前來迎接，並依照生前的行善作惡將之分門別類。**行善的人會由上品上生阿彌陀如來接引；作惡的人則是下品下生**。如果可以，任何人都希望前來迎接自己的，能是上品上生的阿彌陀佛。

每隔三年，淨真寺都會舉辦一場名為「面具」的祭典活動，演繹阿彌陀如來帶領二十五菩薩，從極樂淨土前來迎接的情景。活動的正式名稱是「二十五菩薩來迎會」，戴著菩薩面具的人員會從三佛堂渡橋走到本堂。我也曾支付冥加料（奉納獻金）、戴著面具參與，是一場令人湧現感激之情的演出。

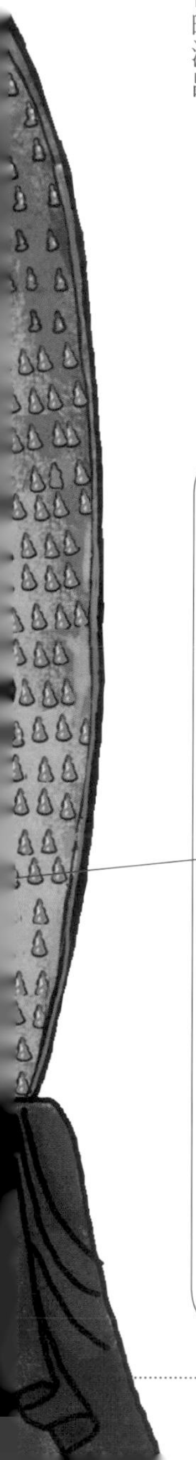

九品佛的九種手印

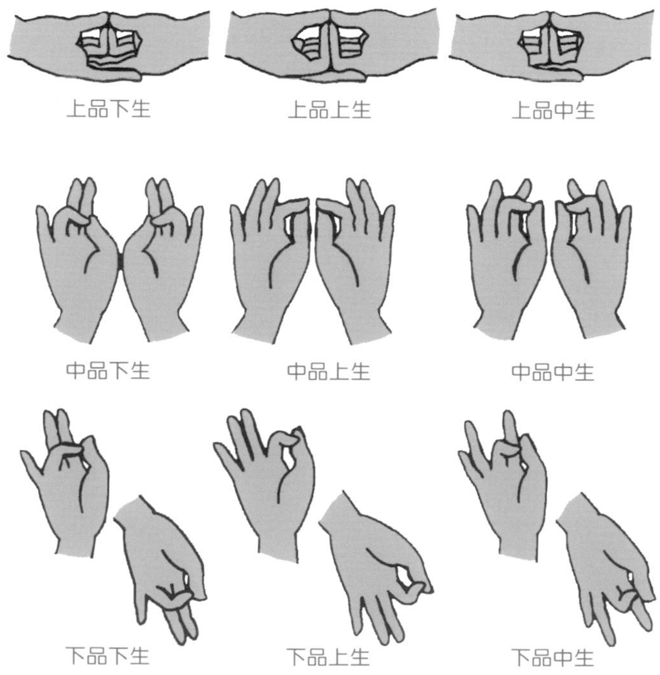
上品下生
上品上生
上品中生
中品下生
中品上生
中品中生
下品下生
下品上生
下品中生

Around Tokyo 23 districts 7

世田谷區奧澤7－41－3
03-3701-2029

五劫思惟阿彌陀如來坐像

淨真寺本堂的左後方，供奉著髮型宛如爆炸頭般的五劫思惟阿彌陀如來坐像。這尊佛像描述的是，由於阿彌陀如來長時間思考究竟該如何拯救眾生，想到頭髮都變長了。

高度超過五公尺，猙獰可怖的閻魔

閻魔像 太宗寺

從新宿御苑穿越新宿通之後，就可看見太宗寺。寺院入口坐著一尊兩百六十七公分高的大型地藏，此為江戶六地藏之一。一旁的閻魔堂裡，則安置著高達五百五十公分的**巨大閻魔**，以及裸露胸膛、滿臉皺紋，高度有兩百四十公分的**奪衣婆**[30]。這兩尊佛像不但十分巨大，表情更是猙獰，魄力十足。若是小孩子看到的話，搞不好會嚇得哇哇大哭。我第一次參拜時也頗為震撼，不過，我個人非常喜歡這種令人震懾的佛像。

這尊閻魔像打造於一八一四年，之後遭遇火災和地震等災害，現在僅剩頭部仍保留著最初的樣貌；身體則於一九三三年重製。太宗寺的閻魔被指定為新宿區指定有形民俗文化財，暱稱為「內藤新宿的閻魔大王」。

此外，根據日本傳說，亡者渡過三途川時，必須繳交渡船費六文錢，如果身上沒有六文錢，奪衣婆就會把亡者的衣服扒光。因此日本人在土葬亡者時，會取六枚銅錢陪葬。近代日本流行火化，礙於國幣不能毀損，故發展出木製的六文錢，或以紙張印刷的六文錢替代。又因為奪衣婆會「扒光人的衣服」，深受特種行業信仰，甚至被宿場町內藤新宿的妓院當成商業守護神膜拜。

值得注意的是，**閻魔堂固定在七月十五、十六日公開展示**，一年兩次，其他時間都是緊閉著門扉，只能隔著門板上的格子遠望閻魔像。一旁有亮燈按鈕，按下之後，堂內就會亮燈一分鐘方便信眾膜拜，這點還挺貼心的。

新宿區新宿2-9-2
03-3356-7731

仿唐式的官服（道服）

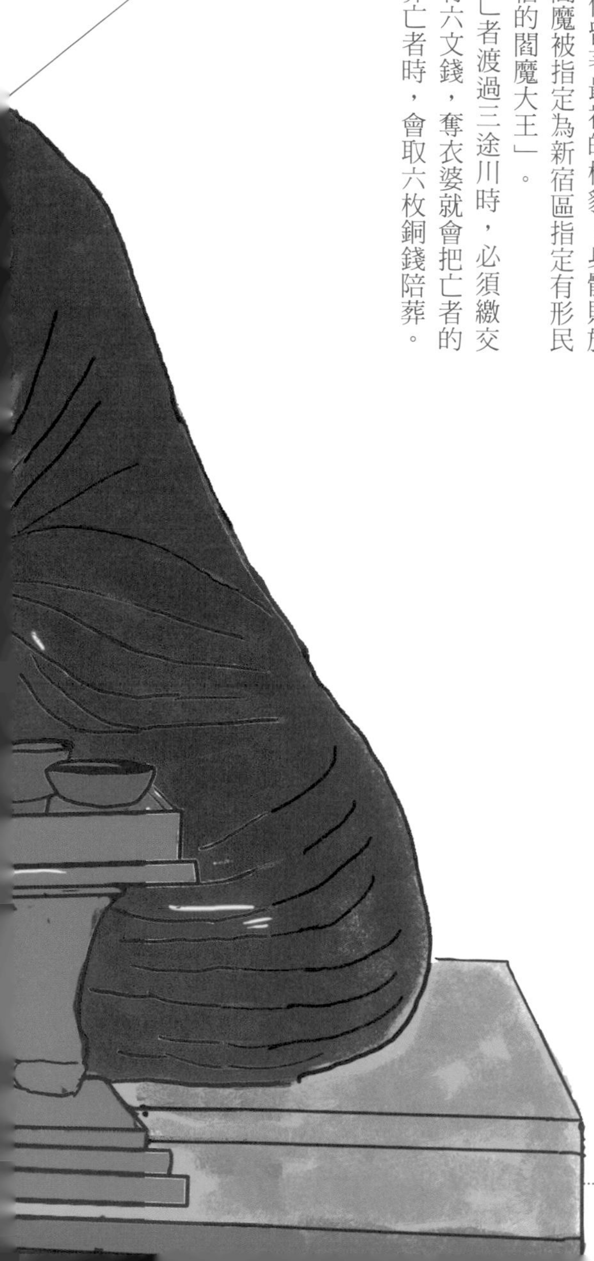

切支丹燈籠

位於太宗寺境內，燈籠整體形狀呈十字架，下方的雕刻則代表聖母瑪利亞。據說江戶時代，受到迫害的天主徒或基督徒（切支丹）都用這種方式偷偷做禮拜。

30 奪衣婆是日本民間信仰中，守在陽間與陰間交界三途川的冥界鬼神。據說會在亡者渡過三途川之後扒光其衣服，並以衣物的輕重判斷其生前善惡。

東京境內唯一由圓空打造的佛像

不動三尊像 中井出世不動尊（通稱：中井不動堂）

小小的中井出世不動尊（中井不動堂），位在都營地下鐵江戶線「落合南長崎站」，步行約五分鐘的住宅區裡。裡頭供奉著由江戶時代的雕佛師圓空所打造的**不動三尊像**。平時，不動堂都是關閉的，只有**每月二十八日下午一點～三點半的開帳日可進入堂內參拜**。

不動明王像有一百二十八公分高，身旁有兩位脅侍：**矜羯羅童子像**高六十四公分；**制咤迦童子像**高六十七公分。三尊佛像都是圓空以名為鉈雕的雕刻技法打造，表面粗糙、未見拋光，被稱為「短柄小斧雕刻」（一刀彫），更有「圓空佛」的美稱。

通常，不動明王像都是一臉忿怒相，不過中井不動堂的這位尊駕卻帶著隱約的微笑。尤其祂的左眼是單眼半開的「天地眼」，看起來就像眨眼失敗似的，十分趣味；其底座、光背和法器，則是由後世修補的。侍奉在旁的制咤迦童子像有著大大的眼睛；矜羯羅童子像則乖巧地雙手合十。

不動三尊像原本被供奉在尾張國一宮真清田神社的神宮寺裡，之後轉移到中井御靈神社的別當不動院。不動院後因《神佛分離令》而廢寺，儘管如此，當地信眾仍守護著這些佛像。一九一四年，中井不動堂建造完成，不動三尊也被移駕至此地安置至今。

至於為何這尊不動明王會被加上「出世」（功成名就）二字？據說是因為有些人在參拜之後真的在事業上有所成就，所以我也如法炮製了一下，祈求著作能夠本本大賣。

新宿區中落合4－18－16

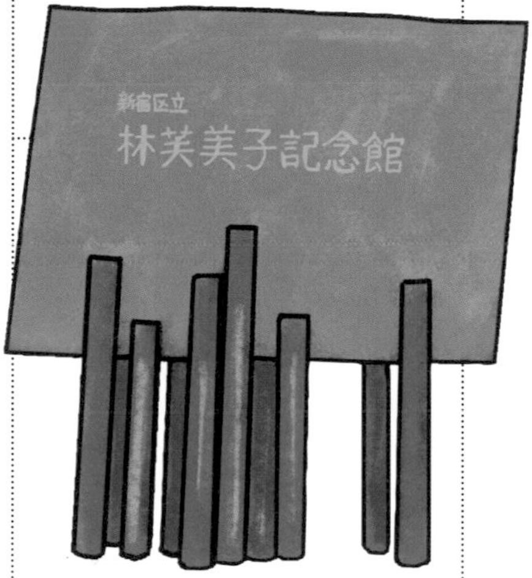

林芙美子紀念館

中井不動堂附近有因自傳性小說《放浪記》[31] 而聞名的作家林芙美子的紀念館。1941 年林芙美子將自家宅邸直接保存為紀念館，庭院裡茂密的草木種類繁多。

31 林芙美子的自傳性小說，呈現自我青春時代漂浪不羈的生活容貌。共有《放浪記》、《續放浪記》、《放浪記第三部》三部曲。

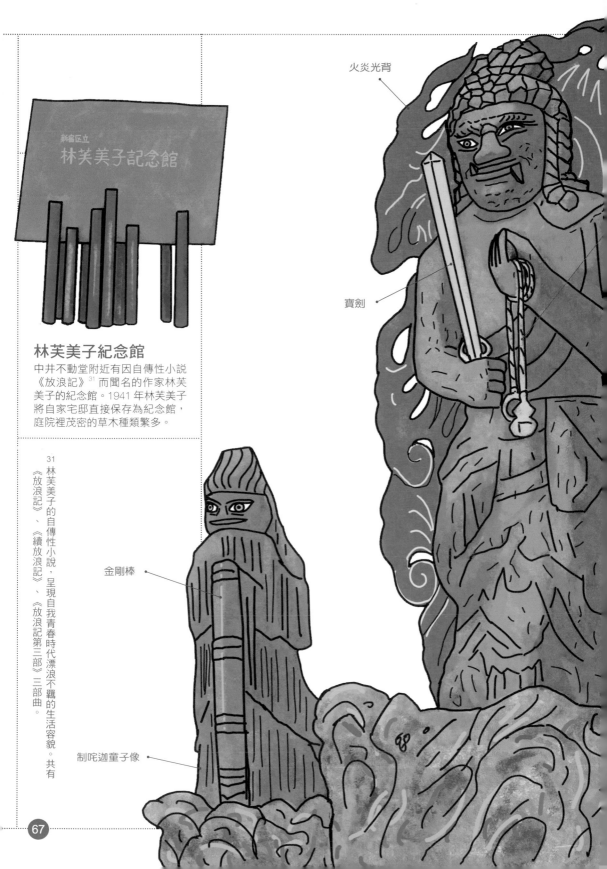

乘坐孔雀、閃耀著紅水晶色澤的如來

紅頗梨色阿彌陀如來坐像 安養院

板橋區東新町2-30-23
03-3956-0514

安養院相傳由鎌倉幕府第五代執政者北条時賴創建，是間真言宗的寺廟。綠意盎然的廣大占地令人心曠神怡。本堂的佛龕裡安置著御本尊阿彌陀如來，因為是祕藏佛像，所以並未對外開放。本堂前則供奉著江戶時代初期打造，用來作為替身佛像的**紅頗梨色阿彌陀如來坐像**（板橋區指定有形文化財）。

這尊阿彌陀如來採坐禪姿勢，手施阿彌陀定印，端坐在孔雀座上，這是相當少見的姿態。呈現開屏姿態的孔雀羽毛十分華麗，其中紅頗梨色的「頗梨」是梵語「Spatika」的音譯，即「水晶」之意。也就是說，這是尊閃耀著紅水晶色澤的阿彌陀如來像。誠如其名，佛像的身體呈紅色。至於為什麼要採用紅色？如果把構成萬物的五大元素（金、木、水、火、土）套用在佛教五色（白、青、黑、赤、黃）上，那麼阿彌陀佛正是代表著火元素及紅色。

通常，已經開悟的如來都是以簡單樸素的姿態現身，不會穿戴寶冠等配飾，衣著也十分儉樸。但這尊紅頗梨色阿彌陀如來坐像卻佩戴項鍊和寶冠，就連身上的服飾也呈現身穿天衣、條帛之姿，簡直就和華麗的大日如來一樣。這是怎麼回事呢？

據安養院的住持表示，密教的御本尊大日如來，其實會幻化成阿彌陀如來。換句話說，這尊佛像承襲了大日如來和阿彌陀如來兩者的能量，因此姿態才會如此相像。

乘坐在金色孔雀上的阿彌陀如來
相當少見

板橋傳說最中

板橋傳說最中的五種形狀（包含地藏、金幣、仙人、龍神、竹杖），源自板橋地區五段民間傳說。有豆沙蜜、白芝麻、杏桃、櫻花、抹茶五種內餡。由板橋和趣會的八間店鋪製造販售。

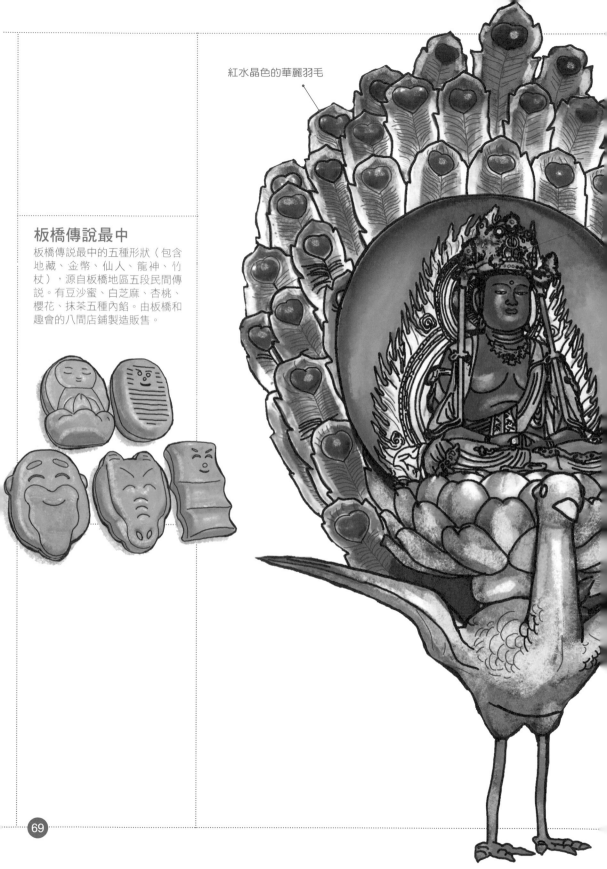

多摩周邊

越過多摩川之後，映入眼簾的是一大片的綠意，這令人心醉的風景，與繁華的東京市中心大不相同。調布市的深大寺為歷史僅次於淺草寺的古寺，占地遼闊；其餘的寺廟也都有著寬廣的腹地，此即多摩周邊寺院的最大特徵。

❶ **深大寺**
調布市深大寺元町 5-15-1
042-486-5511

❷ **武藏國分寺**
國分寺市西元町 1-13-16
042-325-2211

❸ **高幡山明王院金剛寺**
日野市高幡 733
042-591-0032

❹ **清鏡寺**
八王子市大塚 378
042-676-8801

❺ **普明寺大日堂**
昭島市拜島町 1-10-14
042-541-1009

❻ **龍見寺**
八王子市館町 1630
042-664-1630

❼ **鹽船觀音寺**
青梅市鹽船 194
0428-22-6677

Tama

0
5km
7
青梅站
河邊站
411
圈央道
青梅線
八高線
16
埼玉縣
所澤站
武藏野線
關越高速公路
西武池袋線
西武新宿線
五日市線
拜島站
西武拜島線
多摩單軌鐵路
東京都
5
國分寺站
中央本線
西國分寺站
立川站
2
南武線
1
調布站
20
3
高幡不動站
中央高速公路
中央本線
八王子站
京王線
4
目白台站
高尾站
大塚・帝京大學站
6
京王相模原線
多摩中心站
多摩川
神奈川縣

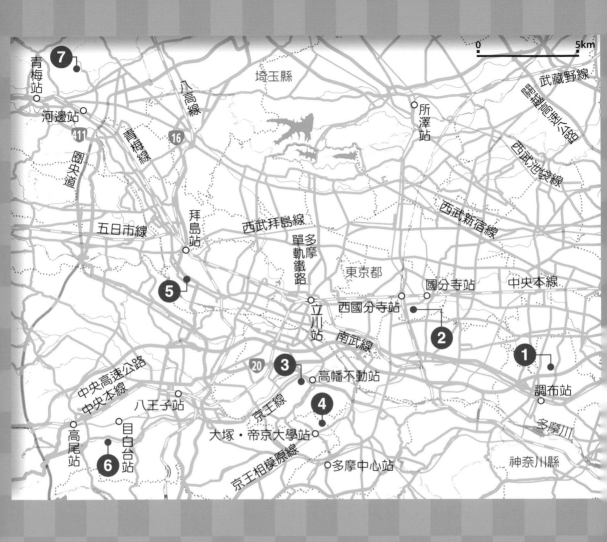

東京境內少見的坐椅白鳳佛

釋迦如來倚像　深大寺

Tama
1
調布市深大寺元町5－15－1
042-486-5511

深大寺創建於七三三年，是東京都內歷史僅次於淺草寺的古寺；就連鄰接的東京都立神代植物公園，過去也是深大寺的腹地，占地十分遼闊。深大寺裡有尊歷史悠久的**釋迦如來倚像**，是關東地區相當罕見的飛鳥時代白鳳時期（六四五年～七一〇年）作品。

這尊佛像最初於一九〇九年，在寺內的元三大師堂壇下被發現。但佛像最原始的來源至今仍是個謎。更難得的是，這尊佛像不是一般常見的坐禪姿勢，而是輕鬆地「坐在椅子」上，這樣的「倚像」可說是萬分珍貴，於一九五〇年被列為日本國寶。

臉部圓潤的童顏，是白鳳時期佛像（白鳳佛）的重要特徵。大而圓弧的眉毛，上眼瞼呈圓弧狀，下眼瞼呈一直線，眼形略往兩旁延長，看起來就像在溫柔地微笑著似的；鼻子則小而堅挺，頭頂也沒有宛如電棒燙的螺髮。過去，銅製佛身上曾有鍍金，不過現在幾乎都已剝落，閃耀著黑色的光澤；身上的衣紋則呈現流水般的柔和曲線，非常漂亮。

供奉這尊釋迦如來倚像的釋迦堂，位於進入山門後的左手邊，信眾可隔著巨大的玻璃免費參拜。看到這麼可愛、溫柔微笑著的佛像，不禁讓人覺得心底暖暖的。

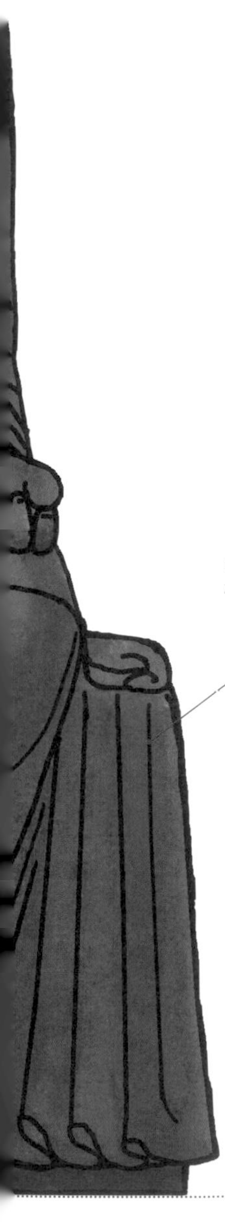

坐在椅子上的釋迦如來佛像，相當罕見

高濱虛子像

這尊高濱虛子[32]胸像是創作同人們為紀念虛子創刊的《杜鵑雜誌》發行五百期所贈。旁邊還設有虛子的俳句石碑「夕陽映照遠山、眼前日陰荒野」。

大而圓弧的眉毛，眼形略往兩旁延長，看起來就像在溫柔地微笑

32 本名高濱清，日本明治及昭和時代的俳人、小說家。以提倡客觀素描、花鳥諷詠等《杜鵑雜誌》的理念著稱。

一年開帳一次，極具威嚴的藥師如來

藥師如來像 武藏國分寺

奈良時代，聖武天皇企圖以佛教鎮護國家，並下令在當時日本境內的各個令制國（律令國）建立寺廟，武藏國分寺便是其中之一。從JR西國分寺站出站後，往東南方步行十五分鐘左右就可看到國分寺。

鎌倉時代末期，名將新田義貞在一三三三年的分倍河原之戰[33]敗戰逃亡時，縱火焚燒了武藏國分寺，但供奉在寺內的**藥師如來像**奇蹟似地逃過火劫。也有傳聞是因為藥師如來像自行逃出，才能平安無事。

一三三五年，新田義貞下令重建藥師堂，並安置這尊逃過火劫的藥師如來像。重建的藥師堂後因年久失修而損壞，後人遂於四百三十年後的寶曆年間，於現在的丘陵地上修建了新的藥師堂。

武藏國分寺的御本尊藥師如來，如今被妥貼地安置在佛龕內。最初於平安末期（或鎌倉初期）打造，採用寄木造技法，是國家指定的重要文化財。佛像高度為一九一・五公分，外層的金箔幾乎完全剝落，只剩底下的黑漆閃耀著隱隱的光芒。佛像的嘴部彎曲成く字形，表情也略帶憤怒，極具威嚴，給人可治癒百病的信賴感。佛龕左右的脅侍，是日光菩薩和月光菩薩像，打造於室町時代（一三三六年～一五七三年）；後方的十二神將像則於江戶時代打造。

這尊威嚴獨具的藥師如來，過去在江戶時代，大約每三十三年才開帳一次，現在則於**每年十月十日開帳**。開帳當天會從十一點開始進行法會，法會結束後至下午四點前可自由參拜。堂內設有照明，光線明亮，方便信眾膜拜。

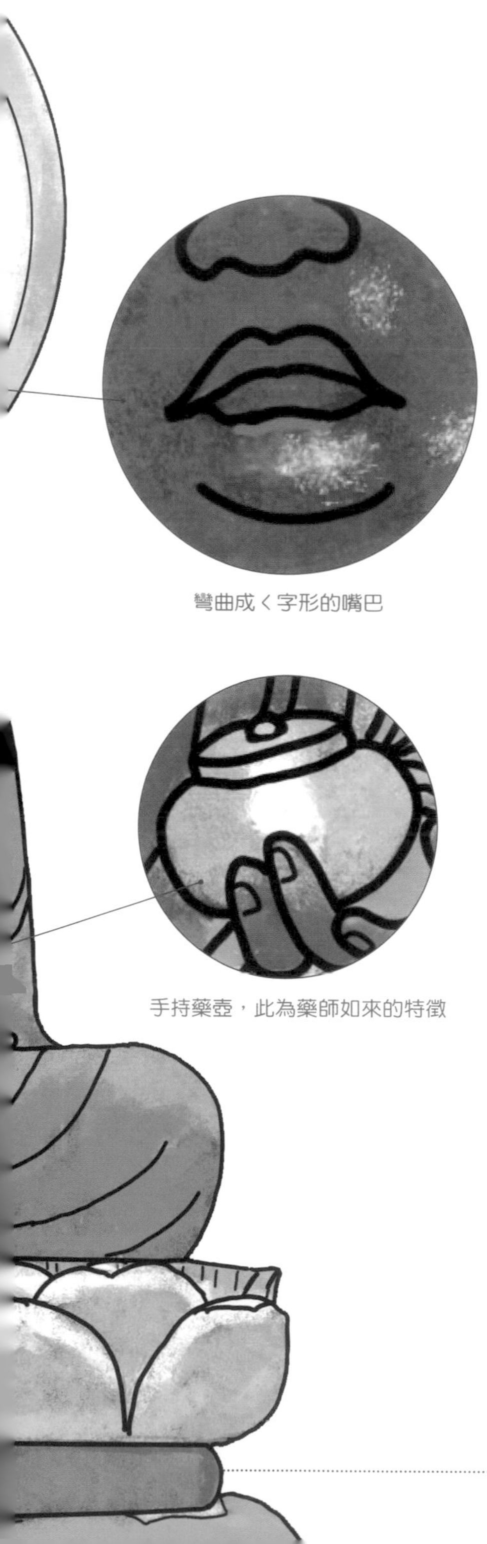

彎曲成く字形的嘴巴

手持藥壺，此為藥師如來的特徵

Tama ②

國分寺市西元町1-13-16

042-325-2211

國分寺樓門

這座樓門原本位於前澤村（東久留米市）的米津寺，1895 年遷移至此。樓門的結構以板金修葺，十分華麗，是江戶時代的建築樣式，現已列為國分寺市的重要有形文化財。樓門的二樓供奉著十六羅漢像（現存 13 尊），但並未對外開放。

33 由北條泰家率領的鎌倉幕府勢力，與新田義貞率領的反幕府勢力，在武藏國多摩川河畔的分倍河原（現在的東京都府中市）進行的合戰，又稱元弘之亂。

關東三不動[34]之一的不動明王

丈六不動三尊像 高幡山明王院金剛寺

高幡山明王院金剛寺又稱高幡不動尊。此地是新選組[35]的副長土方歲三的菩提寺[36]。我本身是新選組的粉絲，進入境內後馬上就能看到土方歲三銅像，這點讓我非常欣喜。此外，高幡不動尊在六～七月初有繡球花祭；十一月有紅葉祭等，一年四季都有不同的自然景觀。

不動堂裡供奉的**不動明王像**是御本尊的替身，其真身被安置在不動堂正後方的後殿。後殿同時也兼具寶物館功能，展示許多寺寶。

據說這尊不動明王每逢戰亂就會全身冒汗，又被稱為**「出汗不動」**，廣受戰國武將尊崇。面向不動明王的右邊是**矜羯羅童子像**，左邊是**制咤迦童子像**，兩尊佛像都有著長度異常的手臂，不協調的比例十分獨特。其中制咤迦童子像只剩左手仍有過去殘留的紅漆，其他部分皆為黑色。以上三位尊駕，便是個性獨特且魄力十足的**丈六不動三尊像**。

不動明王像和脅侍的兩童子像打造於平安時代，如今已是國家重要文化財。三尊佛像的總重量超過一千一百公斤，不動明王坐像的高度更高達二八五・八公分。這麼大型的不動明王像相當稀有；其緊皺眉頭、牙齒外露的忿怒表情雖然有點可怕，同時也充滿著威嚴，予人信賴感。

不動明王像

矜羯羅童子像

Tama ③

日野市高幡733
042-591-0032

34 關東三大不動寺為成田山新勝寺和高幡山明王院金剛寺，但第三座寺的說法很多，包括神奈川的雨降山大山寺、崎玉縣的高貴山常樂院等。

35 日本幕末時期親幕府的武裝集團，主要在京都東山區活動，負責維持花街治安，並向當地商家強迫募集組織運作經費，一八六九年解散。

36 菩提寺是日本的寺廟之一，為埋葬祖先遺骨、憑弔菩提之寺，也稱菩提所、菩提院。

土方歳三饅頭

高幡不動尊附近有間松盛堂饅頭店。店內販售土方歳三饅頭（人形燒），做成土方歳三穿著和服的姿態，內餡有豆沙和奶油兩種口味。

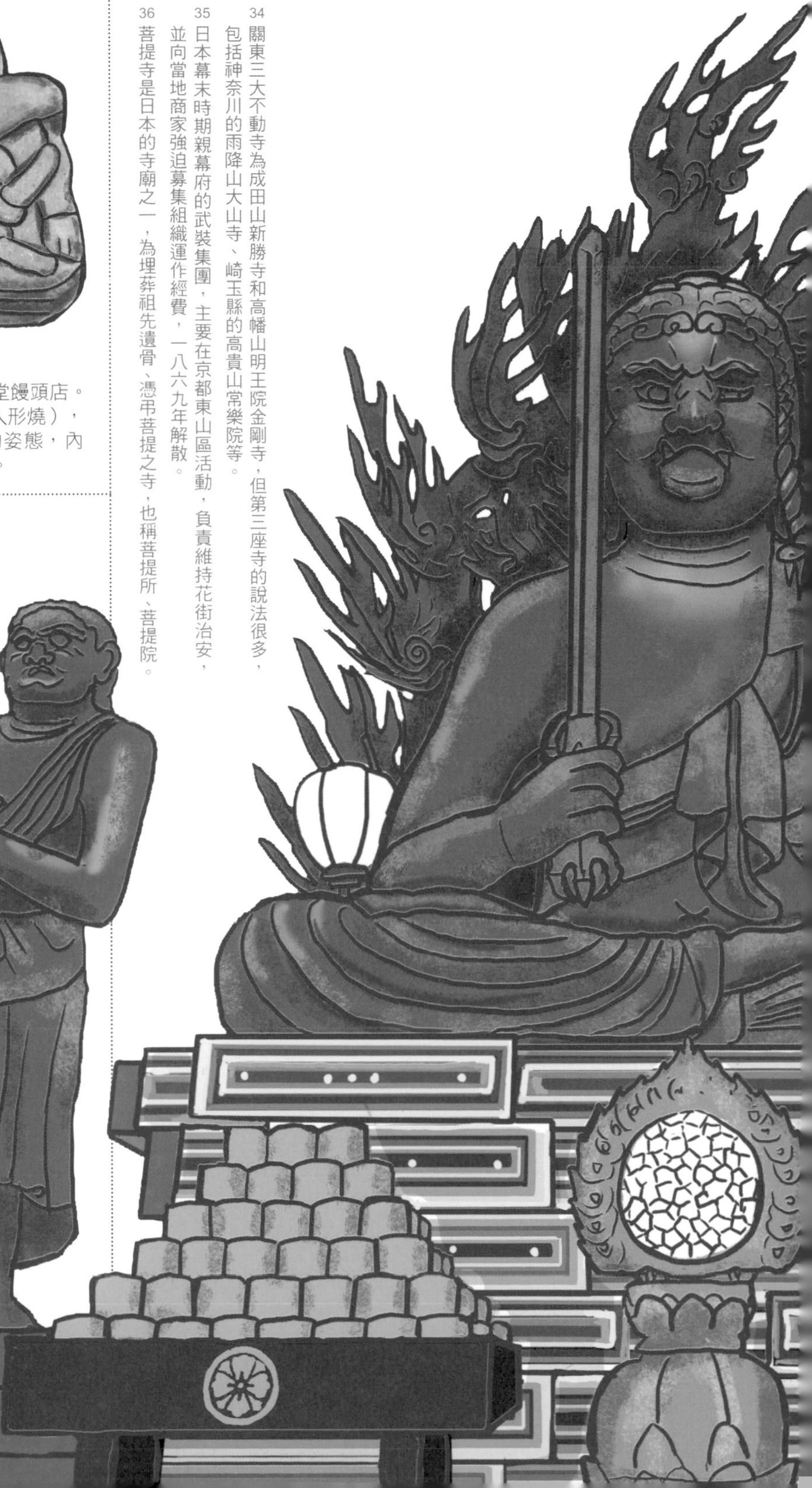

內行人才知道的八王子祕藏佛像

千手觀音坐像（大塚御手觀音像）

清鏡寺

清鏡寺距離多摩單軌鐵路「大塚・帝京大學站」約十分鐘路程。入口處有大大寫著「御手觀音」的招牌。因為位在大塚，所以又稱為**「大塚御手觀音」**。

拾級而上之後即可看見觀音堂，**千手觀音坐像**和十一面觀音像就祕藏在堂內右後方、具有防火措施的收藏庫裡。話雖如此，**只要事先預約就可參拜**，這可是只有內行人才知道的小撇步。收藏庫的前方設有玻璃，裡頭照明充足，可近距離觀賞佛像之美。

這尊千手觀音是小型佛像，仔細觀察祂往左右伸出的手後方，緊密塞滿了許多小小的手，據說差不多有一千隻左右。而一旁的十一面觀音像，則是從附近廢棄的寺院遷移到這裡的，後於一九六一年被指定為東京都指定文化財。其五官就和鎌倉時期的其他佛像一樣，有著嚴肅且知性的表情。整體比例十分協調。

清鏡寺並不大，卻有罕見的千手觀音坐像和十一面觀音像可供參拜，實在令人欣喜。

Tama 4

八王子市大塚378

042-676-8801

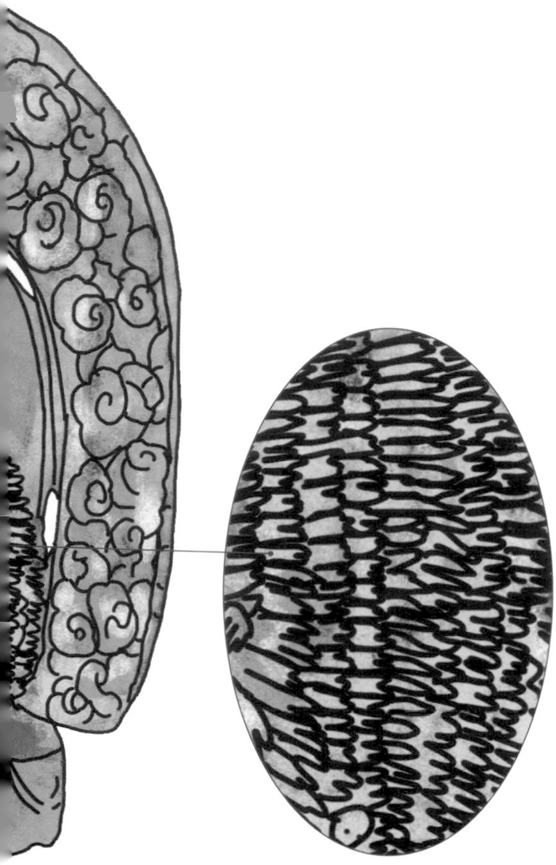

佛像後方緊密塞滿了小手，據說真的有一千隻

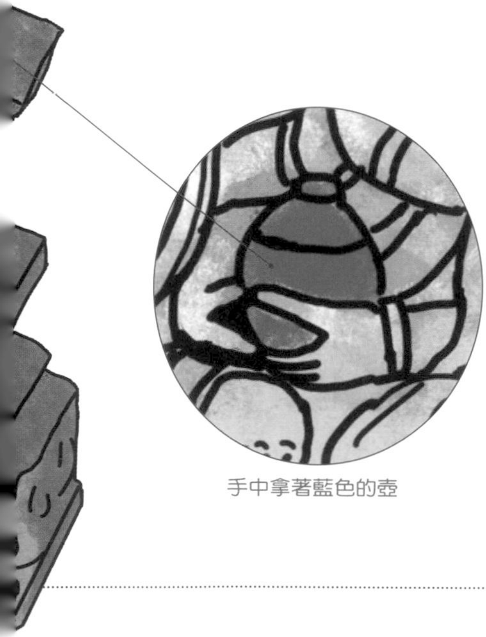

手中拿著藍色的壺

鹽釜溫泉觀音湯

清鏡寺附近有座鹽釜溫泉觀音湯，門口設有紅色的瞭望臺，水質是鈉-氯化物泉。此處僅以溫泉站的形式販售溫泉水，並無泡澡設施，有點可惜。

頭頂有藍色的頭髮

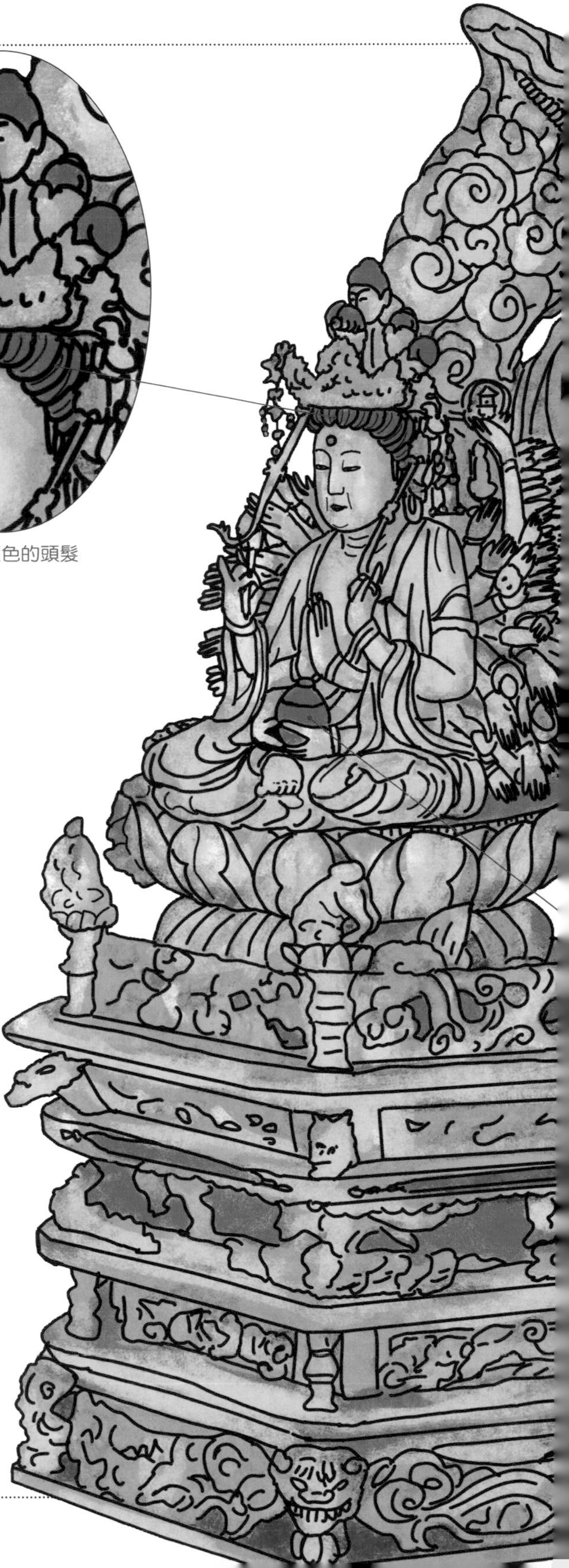

＊天然溫泉站

神聖華美的大日如來

大日如來像 普明寺大日堂

Tama 5

昭島市拜島町1-10-14
042-541-1009

普明寺大日堂創建於九五二年。相傳因為大日如來曾出現在多摩川的中洲（島），信眾便建造祀堂參拜，當地甚至因此有了「拜島」這個地名。到了戰國時代，小田原北条一族的北条氏照在建造瀧山城時，將普明寺大日堂遷移至現址，作為鎮守鬼門之用。

普明寺大日堂裡有個巨大的佛龕，中央供奉著這尊手施**智拳印**，高達一百五十七公分的**金剛界大日如來像**。佛像全身貼著光彩奪目的金色漆箔，神聖華美的樣貌十分令人著迷。面對大日如來的右邊，是九十公分高的木造釋迦如來坐像；左邊則有八十六公分高的阿彌陀如來像。三位尊駕都採寄木造技巧，有著作工精細的雕眼。

三尊佛像中，大日如來像和釋迦如來坐像於平安時代打造；阿彌陀如來像則完成於江戶時代的元祿時期。話雖如此，三者的樣式十分類似，乍看之下仍給人同一時代打造的錯覺。

值得注意的是，這三位尊駕都是祕藏佛像，**只有每年十一月三日前後才會開帳（每年不同）**。開帳當日，住持會先進行說明，之後便把佛像移到內陣以供參拜。而在開帳日之外，每個月都有「可從堂外隔著柵欄參拜」的日子，儘管只能從堂外遠觀，仍然給人魄力十足的感受。

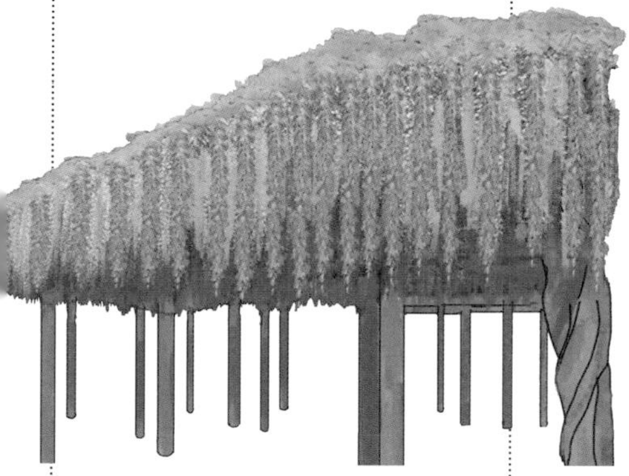

拜島藤

普明寺大日堂境內有棵樹齡長達800年的古藤，已被指定為東京天然紀念物，又稱「千歲藤」。連綿不斷的紫色花房十分美麗。

閃亮耀眼，如貴公子般的美麗佛像

大日如來像 龍見寺

龍見寺創立於一五九八年。打造於平安時代的**大日如來像**供奉在本堂後方的祀堂，高度為八八．五公分，以寄木造、玉眼（最初為雕眼）技法製成，現已被登記為東京都指定有形文化財。

根據《吾妻鏡》[37]的記載，住在八王子的武士集團橫山黨，其首領橫山經兼在「前九年之役」時，跟隨源賴義攻打奧州的阿部貞任，並建立了功勳。此後，橫山經兼便從奧州出羽三山之一的湯殿山，請來了大日如來守護這個地區。

佛龕的門平常都是緊閉的，無法見到佛像，只有在東京文化財週（每年皆不同，見第三十三頁）的其中一天會公開展示。面向佛龕的右手邊有文殊菩薩像；左邊則供奉著普賢菩薩像。由於龍見寺是曹洞宗的寺廟，為此，廟方便把大日如來當成釋迦如來供奉，更在佛像兩側安置了釋迦如來的兩位脅侍（即文殊菩薩和普賢菩薩）。

佛龕的門開啟後，全身閃耀著金箔光芒的大日如來映入眼簾，讓人情不自禁地倒吸一口氣。是尊令人幾乎無法移開視線、宛如貴公子般的美麗佛像。從袖手施智拳印便可知，這是尊金剛界的大日如來。其光背則採用重疊的圓形，周圍有著宛如火炎般的形狀，整體氣場非常強大。

Tama 6

八王子市館町1630
042-664-1630

智拳印，金剛界大日如來的象徵

椚田遺跡公園

椚田遺跡公園距離龍見寺約 15 分鐘路程，境內有繩紋時代（距離現代約一萬兩千年前～西元前三世紀）中期典型聚落的各種遺跡，包括挖掘後的土堆、繩紋土器的紀念碑等，已被指定為國家史蹟。

37 《吾妻鏡》又稱《東鑑》，日本的編年體史書。

被上萬株杜鵑花圍繞的千手觀音

千手觀音像 鹽船觀音寺

鹽船觀音寺的創建人，據說是歷史上赫赫有名的八百比丘尼。她因吃了人魚肉而活到八百歲，並在飛鳥時代安置了一尊小小的觀音像。此外，寺院境內的斜坡上，還種植了約一萬七千株的杜鵑，每年四月中旬～五月上旬會舉行「鹽船觀音杜鵑花祭」。

寺內的御本尊，是於鎌倉時代打造的**千手觀音像**，供奉在內陣中央的佛龕。佛像高度約一百四十四公分，以檜木寄木造、玉眼技法製成，身後背負著船形的光背。苗條的身形加上大量垂墜的豪華衣裳，是當時十分流行的宋風文化；光線從下方投射而來，佛像被照亮的臉龐既神祕又莊嚴。仔細一看，千手觀音像的腳邊還放著樹樁般的物件。樹樁的中央已被挖空，裡頭放著僅有五公分左右的佛像。據說這尊小佛像，就是八百比丘尼於飛鳥時代供奉的觀音像。

由於這尊千手觀音像是祕藏佛像，只有**每年的一月一～三日、一月十六日、五月一～三日、八月的第二個星期日才會公開展示**。千手觀音旁有二十八部眾（東京都有形文化財），於佛龕的左右兩側各安置了十四尊，高度從八十五公分～一公尺不等。這二十八部眾大多於鎌倉時代打造，只有其中五尊是室町時代的修補作品。一眼望去整齊排列，很有欣賞價值。

Tama 7

青梅市鹽船194
0428-22-6677

神祕又莊嚴的臉龐，
雙眼以玉眼技法打造

苗條的身形

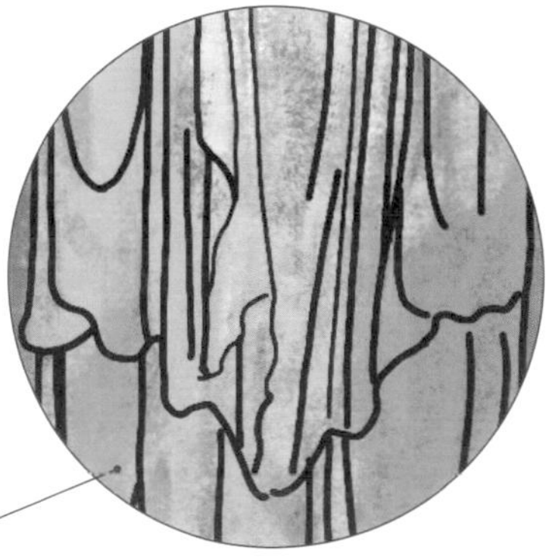

帶有大量垂墜的豪華衣裳

安樂寺的軍荼利明王像

安樂寺距離鹽船觀音寺約 20 分鐘車程，裡頭供奉著五官別具個性的軍荼利明王像，大大的眼睛為其特色。這位尊駕打造於鎌倉時代，高度有 297 公分，屬於寄木造佛像。只在每年 8 月 14 日開帳。

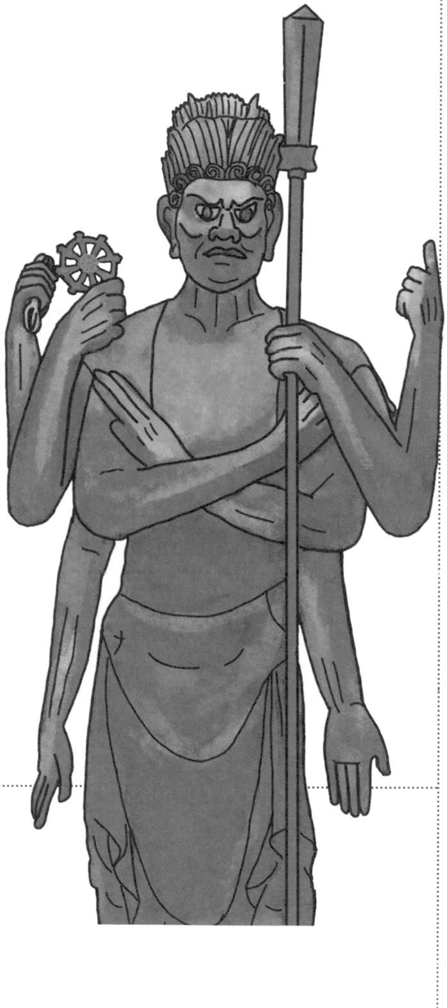

北鎌倉周邊

北鎌倉車站周邊有許多知名的寺廟。圓覺寺的「舍利殿」為神奈川縣唯一的國寶建築；過去協助女性斬斷孽緣的東慶寺，現被稱為「花之寺」。鎌倉佛像巡禮的第一站，就從北鎌倉開始。

❶ **圓覺寺**
鎌倉市山之內 409
0467-22-0478

❷ **東慶寺**
鎌倉市山之內 1367
0467-33-5100

❸ **淨智寺**
鎌倉市山之內 1402
0467-22-3943

❹ **圓應寺**
鎌倉市山之內 1543
0467-25-1095

❺ **建長寺**
鎌倉市山之內 8
0467-22-0981

❻ **淨光明寺**
鎌倉市扇谷 2-12-1
0467-22-1359

❼ **海藏寺**
鎌倉市扇谷 4-18-8
0467-22-3175

Kita kamakura

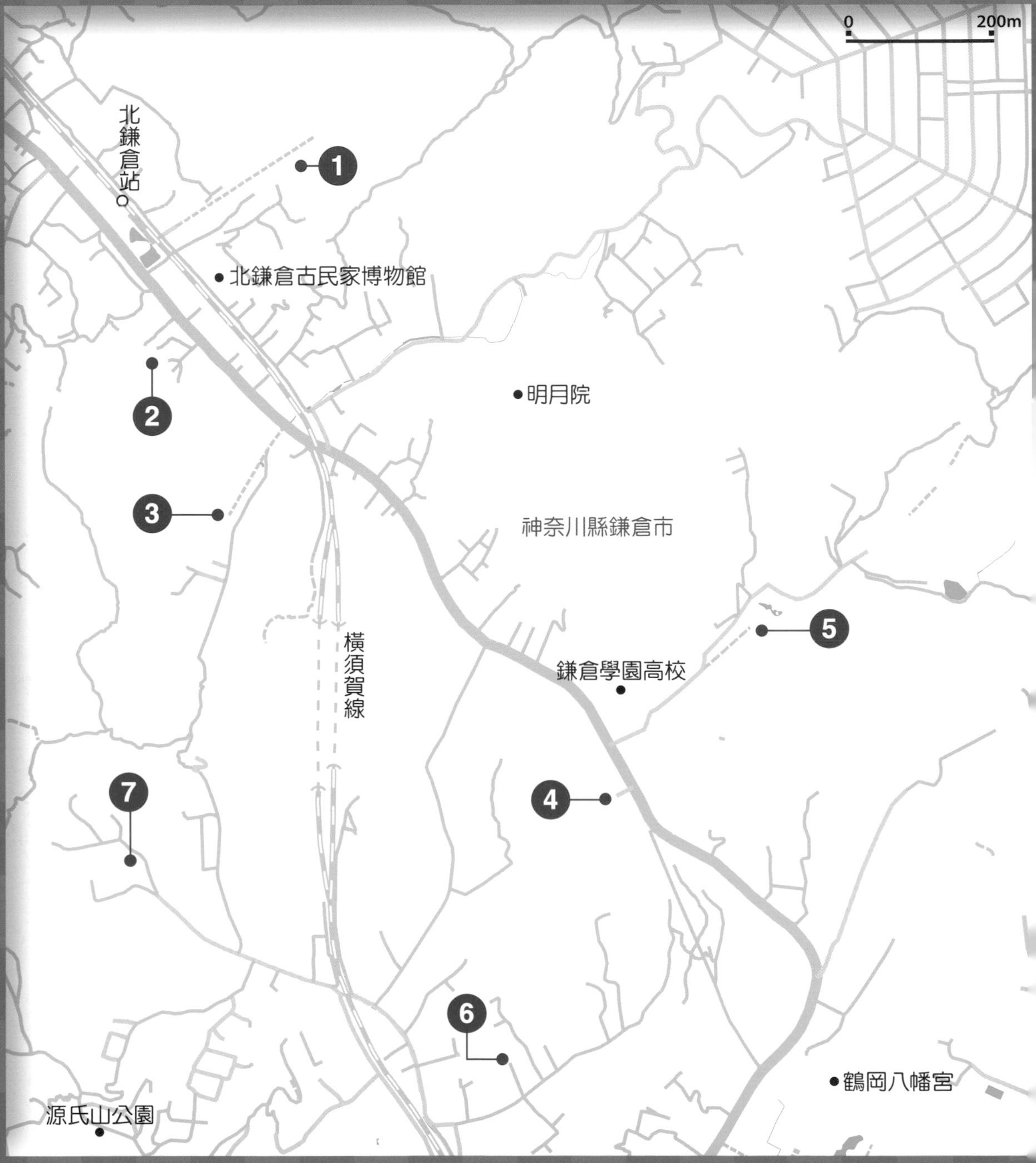
0
200m
北鎌倉站
1
北鎌倉古民家博物館
2
明月院
3
神奈川縣鎌倉市
5
橫須賀線
鎌倉學園高校
4
7
6
鶴岡八幡宮
源氏山公園

頭戴寶冠、飾品華麗的釋迦牟尼

寶冠釋迦如來像 圓覺寺

Kita kamakura ❶

鎌倉市山之內409
0467-22-0478

圓覺寺位在JR北鎌倉站前。一二八二年，鎌倉幕府第八代執政者北条時宗為追悼元日戰爭的戰歿者，邀請僧侶無學祖元[38]創建此廟。圓覺寺為鎌倉五山[39]中位居第二的華麗寺廟，境內更有**神奈川縣內唯一的國寶建築「舍利殿」**。

舍利殿裡安置著兩百六十公分高的大型**寶冠釋迦如來像**。只見祂高坐蓮花臺上，眼神銳利，表情嚴肅地往下俯視著信眾，莊嚴的姿態令人著迷。

通常，釋迦如來的姿態較為儉樸，不見任何裝飾。但這尊寶冠釋迦如來像卻佩戴著豪華的寶冠和項鍊。仔細一看，祂的髮型也不是螺髮，而是把頭髮高高盤起；身上的衣服則是向下垂墜的「法衣垂下」，據說這些風格都是受到中國宋朝的影響。實際上，鎌倉地方亦流傳著許多以禪學為首的宋風文化。這是因為鎌倉幕府和中國宋朝貿易往來密切的關係。

寶冠釋迦如來的身體曾經佚失，到了江戶時代才又重新打造，只有頭部是鎌倉時代的原貌。身旁的脅侍則為梵天像和帝釋天像。關於這兩尊脅侍，據說最初原是文殊菩薩像和普賢菩薩像，是在江戶初期重建佛像身體時才改過來的。

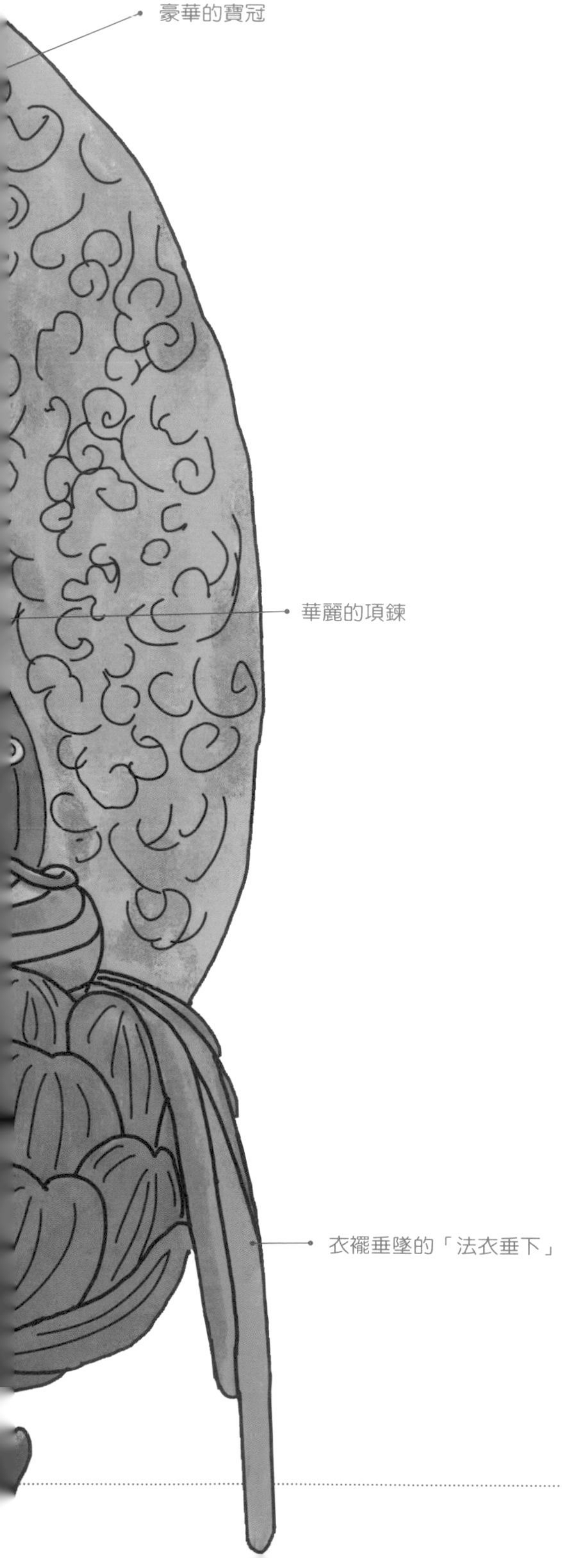

觀音菩薩像

圓覺寺的選佛場是修行僧的坐禪道場（禪堂），裡頭供奉著藥師如來像和觀音菩薩像。觀音菩薩像呈右膝曲起的坐姿，視線微微向下俯視，十分優雅。

38 無學祖元為中國南宋臨濟宗僧侶，後東渡日本，為日本無學派（佛光派）的始祖。

39 鎌倉時代末期，幕府在鎌倉制定的五大官寺。排名由上而下依序為建長寺、圓覺寺、壽福寺、淨智寺、淨妙寺。

彷彿從水墨畫中走出來的鎌倉一美佛

水月觀音菩薩半伽像 東慶寺

Kita kamakura 2

鎌倉市山之內1367
0467-33-5100

過去，東慶寺曾以幫助女性切斷孽緣而聞名，甚至還有「緣切寺」這個稱號；現在則因四季皆有花開可賞，而有「花之寺」的美稱。東慶寺由鎌倉幕府第八代政權北条時宗的妻子「覺山尼」開創；南北朝時代，則由後醍醐天皇的皇女「用堂尼」擔任住持，聲望相當高。

到了江戶時代，豐臣秀賴的女兒「天秀尼千姬」，曾以養女身分進入東慶寺成為住持。儘管現在已改由男僧接管，但在明治之前，這裡一直都算是尼姑庵。

與東慶寺本堂相鄰的水月堂裡，供奉著有「鎌倉一美佛」之稱的木造**水月觀音菩薩半伽像**。平時不對外開放，但**只要事先預約，就可入內參拜**。

這尊佛像打造於鎌倉時代，採用玉眼技法，高度約三十四公分。所謂「水月」，指的是倒映在水面上的月亮，觀音菩薩以凝視水月的美麗姿態守護著眾生；身體倚靠著岩石，雙腳並未交叉，直接往旁邊擺放，此為**「遊戲坐」**的放鬆坐姿。其衣裳的曲線有如流水般柔和；豐潤的纖纖玉手充滿了悲憫之情，讓人不禁想緊緊握住，就像是從中國水墨畫中走出來似的。不論參拜多少次，都還是美得教人屏息。

聖觀音菩薩立像

東慶寺境內還有一尊木造聖觀音菩薩立像（重要文化財），屬於松岡寶藏（東慶寺的山號為松岡山）。其身上的衣飾採用鎌倉地方獨特的「土紋」技法，花葉圖樣十分立體漂亮。

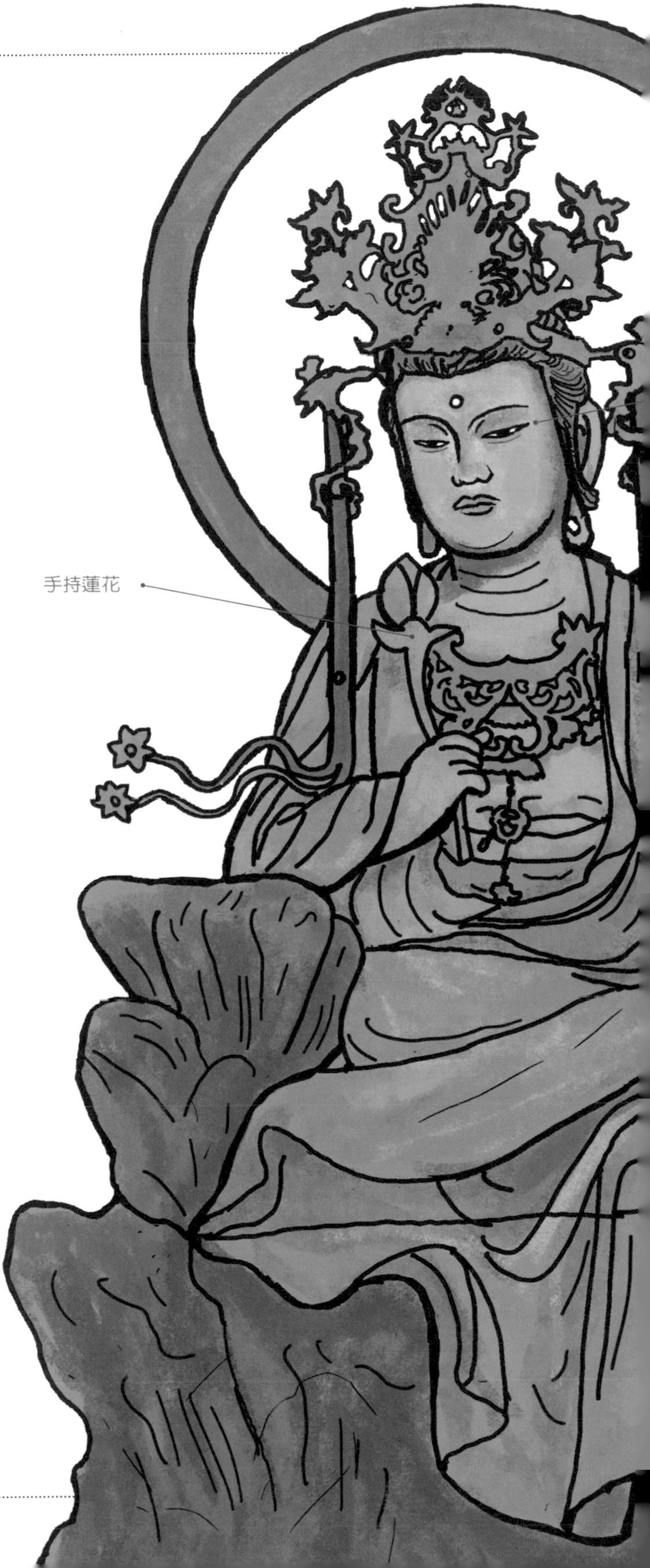

代表過去、現在、未來的三胞胎佛

三世佛坐像 淨智寺

淨智寺創建於一二八一年，是為了替北条宗政[40]祈求冥福而建的寺廟，位居鎌倉五山的第四位。寺院境內有著美麗的自然景緻，甚至以「淨智寺境內」之名被指定為國家史蹟。後方的谷津地形（山丘長年被雨水沖削後成為山谷）中有好幾個「櫓」（讀音為yagura，意為古老的洞窟墳墓），裡頭安置著布袋（**鎌倉江之島七福神之一**）的石像。

淨智寺的曇華殿裡，有三尊幾乎長得一模一樣的佛像，皆於南北朝時代打造，高度約一百公分。三佛並列的組合相當少見，從最左邊開始，依序為**阿彌陀如來像**、**釋迦如來像**及**彌勒如來像**；三位尊駕分別**象徵過去**、**現在**、**未來**，是為**三世佛**。在外型上，三尊佛都採取常見於鎌倉地方，

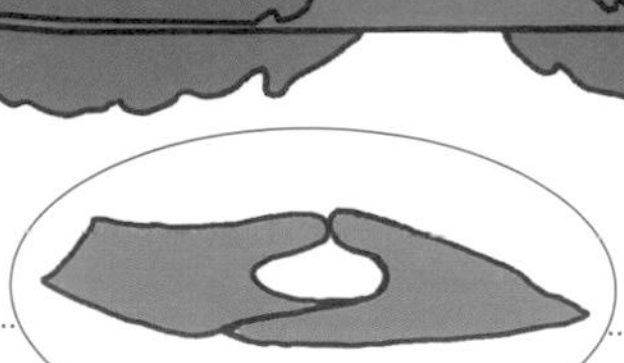

彌勒如來像
禪定印（右手疊於左手上）

Kita kamakura
③

鎌倉市山之內1402
0467-22-3943

衣襬長垂至底座的「法衣垂下」，坐姿十分優雅；頭上宛如肉瘤般的肉髻都不是太高；雙眼則呈現眼尾略微上揚的宋風；原本貼於外層的金箔皆已剝落，底下的黑漆使得臉部略顯烏黑，額頭上的白毫則更為明顯。

　儘管戲稱祂們為三胞胎佛，但只要仔細觀察，就能發現三者的手印都不太一樣；就連五官也有些許差異。大家下次來參拜時，不妨也留意一下。

觀世音菩薩立像

曇華殿後方有尊左手持蓮花花蕾（未開敷蓮花）的觀世音菩薩立像，打造於南北朝時代，高度為 101 公分。屬於鎌倉三十三觀音靈場的第三十一座觀音。

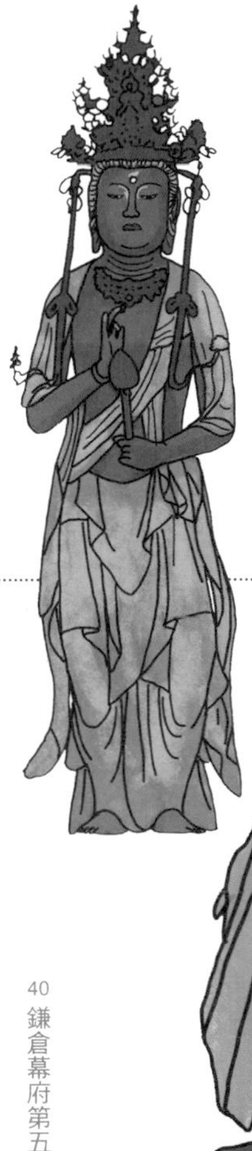

40 鎌倉幕府第五代執政者北条時賴的三男。

阿彌陀如來像
阿彌陀定印

釋迦如來像
禪定印（左手疊於右手上）

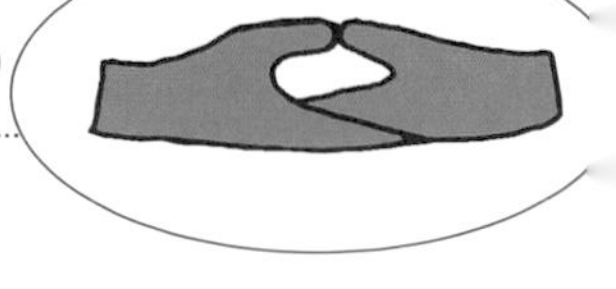

略帶笑容的魄力之姿

閻魔王坐像 圓應寺

圓應寺創建於一二五〇年。初代住持是創建建長寺（鎌倉五山第一位）的蘭溪道隆[41]之弟子智覺禪師。閻魔堂供奉著御本尊**閻魔王坐像**，此外，冥界十王像（其中「初江王像」已託管於鎌倉國寶館）、奪衣婆坐像，以及地藏菩薩半伽像也並列堂內。

這尊木造閻魔王坐像是重要文化財，據傳是雕佛師運慶的作品，高度達一九〇・五公分。只見祂睜大著雙眼、張開大嘴，魄力十足，稍嫌可惜的是，這尊閻魔王只有頭部是鎌倉時代打造，身體則是江戶時代重建的。

這尊佛像還有個傳說。據說運慶晚年病危時，閻魔王現身道：「只要你雕刻出我的樣貌，藉此懲戒眾生的惡行，我就讓你重生。」重生後的運慶因為相當喜悅，於是這尊閻魔王坐像便呈現這般帶有笑容的表情。更有**笑閻魔**、**育子閻魔**、**食子閻魔**的稱號。

其中關於「食子閻魔」這個稱號，則有以下另個傳說。某天夜裡，有位山賊綁架了一對母子，來到空無一人的祀堂。山賊說：「妳不乖乖聽話，我就殺了妳的孩子。」正當山賊如此威脅母親的時候，祀堂裡的閻魔馬上伸出舌頭，一口吞掉了孩子，山賊見狀嚇得落荒而逃。在這之後，閻魔再次伸長舌頭，把孩子交回母親手上。

Kita kamakura 4

鎌倉市山之內1543
0467-25-1095

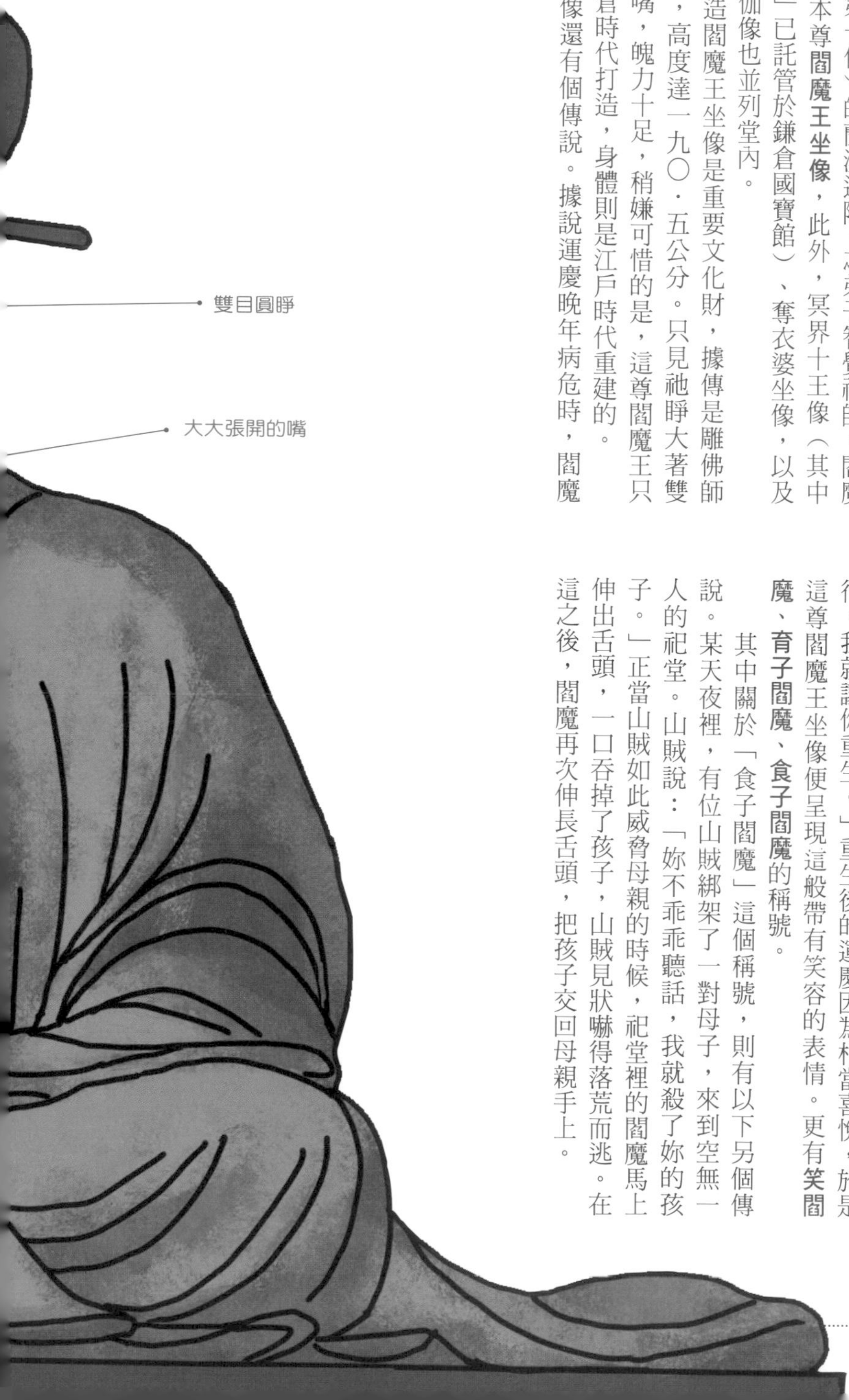

奪衣婆坐像

奪衣婆是日本民間信仰中的冥界人物。雖然同樣有張恐怖的臉，這裡的奪衣婆卻罕見地穿著整齊的衣裝，和一般胸前裸露的山姥姥風格大不相同。

41 蘭溪道隆為中國南宋時期的僧人，後來前往日本弘法，開創了日本禪宗大覺派。

見者無不驚訝的超大型地藏菩薩

地藏菩薩坐像 建長寺

建長寺是鎌倉五山排名第一的華麗寺廟，由鎌倉幕府第五代執政者北条時賴，在一二五三年邀請中國宋朝高僧蘭溪道隆建造，是**日本最早的正統禪宗寺廟（禪寺）**。

通常，禪宗寺廟的御本尊是釋迦如來，建長寺的御本尊卻是地藏菩薩。這是因為此地過去原本是有「地獄谷」之稱的刑場，當地居民為了安撫這些被處以極刑的亡靈，便於一二四九年創建了心平寺地藏堂（現已移至橫濱的三溪園，並改名為天授院；一六五一年登記為國家重要文化財），用以供奉在地獄拯救眾生的地藏菩薩。

建長寺現存的御本尊**地藏菩薩坐像**，現被安置在從東京芝公園增上寺移建而來的佛殿裡，高度達兩百四十公分，十分壯觀，前來參拜者無不驚訝。此外，過去心平寺的地藏菩薩坐像、千體地藏、守護祀堂的伽藍神等也供奉在此處。

這尊御本尊地藏菩薩坐像於室町時代打造，衣襬垂墜（法衣垂下）、手上持有寶珠和錫杖；明亮清澈的眼睛，帶著宛如溫柔少年般的表情。仰望著祂的尊容，感覺就像是被無限的溫暖包圍似的，十分療癒人心。

此外，佛像的胎內過去曾經藏有「齋田地藏」（現在已從胎內取出，另外保存）。據說這尊齋田地藏曾代替齋田左衛門承受刀傷（齋田因背負莫須有罪名，差點慘遭斬首），為此，據說只要參拜了齋田地藏，不論身在何處，都可以得到庇佑。

Kita kamakura ⑤

鎌倉市山之內8
0467-22-0981

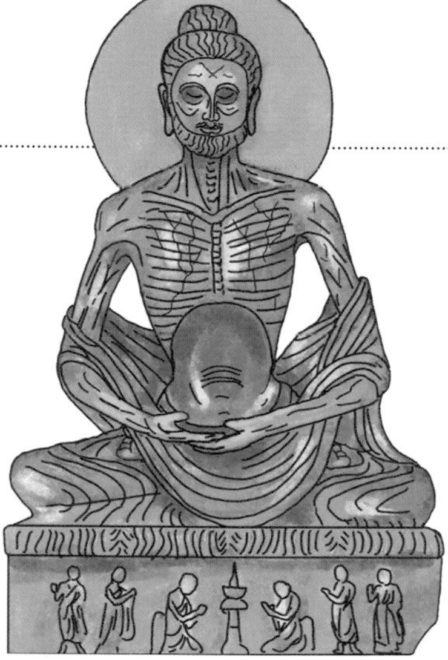

釋迦苦行像

這尊佛像表現了釋迦牟尼不吃不喝，導致骨瘦如柴的苦行貌。這是以巴基斯坦拉合爾博物館的佛像為藍圖，重新打造的模造佛像。在 2005 年愛知萬博的巴基斯坦館陳列後，便由巴基斯坦政府捐贈給建長寺。

胎內藏有五輪塔，美麗高貴的佛像

寶冠阿彌陀如來像 淨光明寺

淨光明寺是一二五一年時，由鎌倉幕府第六代執政者北条長時創建的寺廟。在這之後，足利尊氏[42]也曾在此決議對後醍醐天皇起兵。此地同時也是**梅花與荻花的觀賞名所**。

佛殿旁的收藏庫裡，安置著御本尊**寶冠阿彌陀如來像**、觀音菩薩像和勢至菩薩像的阿彌陀三尊像，此外，還有一尊地藏菩薩立像。

淨光明寺的這尊寶冠阿彌陀如來，高度約一百五十公分。採檜木寄木造，有著玉眼技法。祂的頭頂戴著後世修補的寶冠；胸前施有說法印，將食指和拇指扣在一起，並依循宋風文化，留著長長的指甲。肩膀、衣袖、腳部有浮雕狀的花朵，此為鎌倉地方獨有的土紋裝飾，非常美麗。

值得注意的是，一九二五年進行解體修理時，發現祂的胎內收納了一枚裝有佛舍利的水晶五輪塔（約四公分高），以及一二九九年由北条九時（北条長時的孫子）所撰寫的文件。

兩旁脅侍的觀音菩薩像、勢至菩薩像高約一百公分，頭部略朝中尊的方向傾斜，單腳往前邁出，姿勢頗為輕鬆。三位尊駕透露出一種高貴閒適的氛圍。

阿彌陀三尊像的**參拜時間為每星期四、六、日，以及各大節日的十點～十二點、下午一點～四點（八月除外）**；若碰上下雨天則停止開放。

Kita kamakura 6

鎌倉市扇谷2-12-1
0467-22-1359

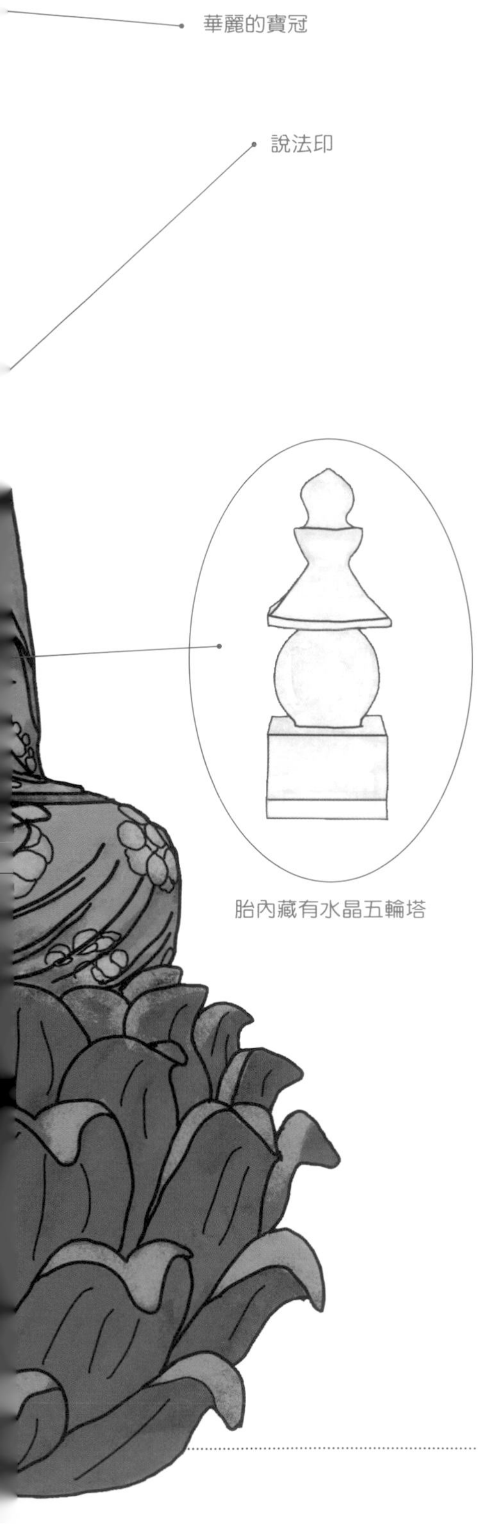

胎內藏有水晶五輪塔

石造地藏菩薩坐像（網引地藏）

淨光明寺的岩洞裡供奉著石造地藏菩薩坐像。因其最初被由比濱海灘的漁師以魚網撈起，而命名為「網引地藏」。佛像的背後刻有正和二年（1313 年）的銘文。屬於鎌倉二十四地藏之一。

42 足利尊氏為室町幕府的第一代征夷大將軍。

佛像的胸膛中居然還有一顆頭？

藥師如來坐像　海藏寺

海藏寺位於鎌倉扇谷地方，較為遠離觀光區的隱祕深處。海藏寺的創立有很多說法，據說是室町時代由鎌倉公方[43]足利氏滿下令創建。穿過山門後，左手邊為藥師堂（佛殿），中央安置著御本尊**藥師如來坐像**；兩側有日光菩薩像和月光菩薩像，後方排列著藥師如來的護衛十二神將像。

仔細觀察藥師如來坐像，便會注意到**佛像的胸前有扇門**；打開那扇門之後，就會驚訝地發現：胸膛裡頭竟還藏著一顆佛頭！就像是解開了某種隱藏的祕密一般，教人嘖嘖稱奇。

這個佛頭有個傳說。據說過去每天晚上，海藏寺後方都會傳來嬰兒哭聲，住持循聲找到聲音來源，並在底下挖出了藥師如來坐像的頭部。驚訝萬分之餘，住持重新打造了現在的藥師如來坐像，並將挖出的佛頭收納在胎內。此後，這尊藥師如來坐像便有了**啼藥師**、**兒護藥師**

Kita kamakura
7

鎌倉市扇谷4－18－8
0467-22-3175

的稱號，並被奉為守護孩子幸福的佛像。

現存的這尊藥師如來坐像高約六七・三公分，於室町時代打造完成，裡頭的佛頭則是鎌倉時代製作的。值得注意的是，打開佛像胸前的門參拜佛頭的時間為**每六十一年一次**，上次是一九九七年，下次則要等到二〇五八年，還有很長的一段時間。

花海棠

海藏寺的四季都能見到不同花草，尤其是四月在本堂前盛開，有著鮮嫩粉紅色的花海棠最為出名；九月的荻花也非常漂亮。

43 公方為日本武家對征夷大將軍的敬稱。

鎌倉周邊

鎌倉是相當熱門的觀光勝地，境內有眾多知名的寺廟。以栽種大量紫陽花而聞名的長谷寺為首，鎌倉大部分的寺院都擁有美麗的庭園，光是漫步其間，就能充分感受到幸福氛圍。

❶ **鎌倉國寶館**
鎌倉市雪之下 2-1-1
0467-22-0753

❷ **覺園寺**
鎌倉市二階堂 421
0467-22-1195

❸ **光觸寺**
鎌倉市十二所 793
0467-22-6864

❹ **光明寺**
鎌倉市材木座 6-17-19
0467-22-0603

❺ **長谷寺**
鎌倉市長谷 3-11-2
0467-22-6300

❻ **極樂寺**
鎌倉市極樂寺 3-6-7
0467-22-3402

Kamakura

橫須賀線
1
2
鶴岡八幡宮
源氏山公園
鎌倉市
淨妙寺
明石橋
報國寺
3
鎌倉市公所
鎌倉站
松久禪寺
鎌倉大佛
由比濱站
5
和田塚站
6
久木大池公園
長谷站
極樂寺站
湘南道路
九品寺前
134
逗子市
相模灣
4
0
500m

膚色嬌豔的辯才女神

弁才天坐像　鎌倉國寶館

鎌倉國寶館位於鶴岡八幡宮境內東側，是一間對外開放的博物館。一九二三年關東大地震時，鎌倉眾多神社、寺廟的建築物、佛像無不蒙受巨大的損害。為保護這些珍貴的文化財，鎌倉國寶館遂於一九二八年開館，裡頭陳列許多當地各大神社與寺廟的雕刻、繪畫、工藝、古文書、考古資料等文物。

原本供奉在鶴岡八幡宮的**弁才天坐像**（或稱弁財天、辯才天），目前託管於鎌倉國寶館內。這是一尊被刻製成下身僅著腰布的裸體佛像，並外穿真實的布衣。之所以會有這種大膽的做法，是因為鎌倉時代太過追求寫實的藝術風格所致。實際參訪時，佛像被塗上了極為真實的膚色，模樣十分嬌豔，即便是身為女性的我，看了也忍不住臉紅心跳。

據傳德川第二代將軍德川秀忠的妻子阿江十分信奉弁才天，後續因而懷上成為第三代將軍的德川家光。這段傳說吸引了不少求子的信眾前來參拜。

弁才天右腳底部刻有銘文「文永三年丙寅九月二十九日／始造立之奉安置舞樂院／從五位下行左近衛將監中原朝臣光氏」，由此可知，這尊佛像於一二六六年九月二十九日被安置在此，願主（向神佛許願的人）是中原光氏。

佛像本身為裸體，僅於下身雕有腰布

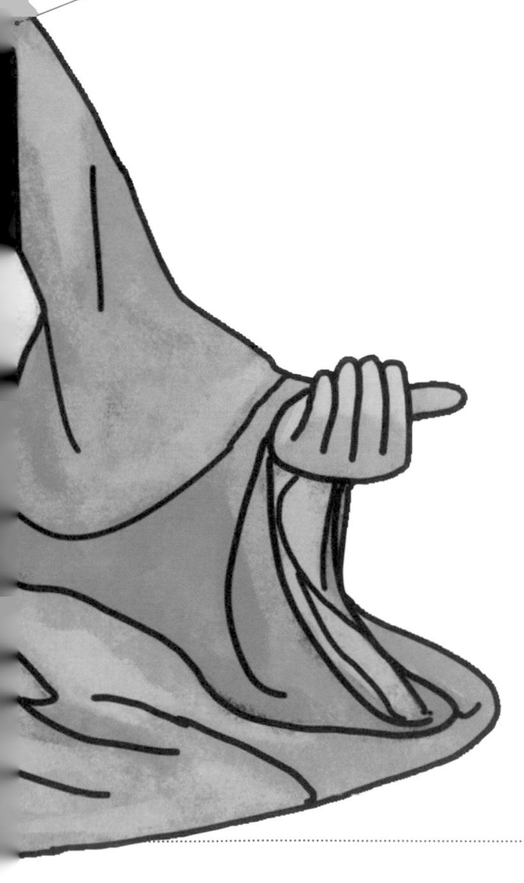

展出時會將佛像穿上衣物

Kamakura

1

鎌倉市雪之下2-1-1
0467-22-0753

韋馱天（藏於淨智寺）

韋馱天曾成功追捕偷盜佛舍利的鬼，其飛快的腳程使祂成為眾多賽跑者的信仰對象。佛像的雙眼鑲嵌著暗褐色的石頭，護甲上有用黏土脫模後貼上的土紋裝飾。

臉頰豐潤，信賴感滿點的藥師如來

藥師如來坐像 覺園寺

Kamakura 2
鎌倉市二階堂421
0467-22-1195

一二一八年，鎌倉幕府第二代執政者北条義時建造了藥師堂，此為覺園寺的前身。之後，北条貞時為求敵軍（元寇）不來侵擾，而將藥師堂擴建成寺廟。覺園寺曾因火災燒毀，後由足立尊氏重新修復。現在的覺園寺，是座寂靜且綠意盎然的廣大寺院。

覺園寺本堂（藥師堂）裡供奉著藥師三尊像（重要文化財），莊嚴肅穆的模樣既漂亮又令人感動；坐在蓮花臺正中央的是**藥師如來坐像**。其左右脅侍是日光菩薩坐像和月光菩薩坐像，每尊佛像的衣飾都採用衣襬垂墜的「法衣垂下」，此為鎌倉地方特有的宋風文化。左右的牆邊則安置著等身大的十二神將立像。

這尊藥師如來坐像高一八一・三公分。頭部於鎌倉時代打造；身體則是南北朝時代打造。其手印不是舉起右手、左手向前伸出的「施無畏與願印」，而是**雙手在腹部前面交疊的禪定印，手掌上捧著藥壺**；頭部造型則是螺髮略大、肉髻偏低、眼尾上揚的宋風姿態，略顯豐潤的臉型給人滿滿的信賴感。

藥師堂的**參拜時間為每日的十點～下午三點，會有寺僧引導參拜，時間大約一小時**（平日的十二點～下午一點為休息時間，未提供參拜引導）。但遇上下雨天、氣候惡劣時不對外開放；此外，每年的四月二十七日、八月一日～三十一日、十二月二十日～一月七日皆休息。

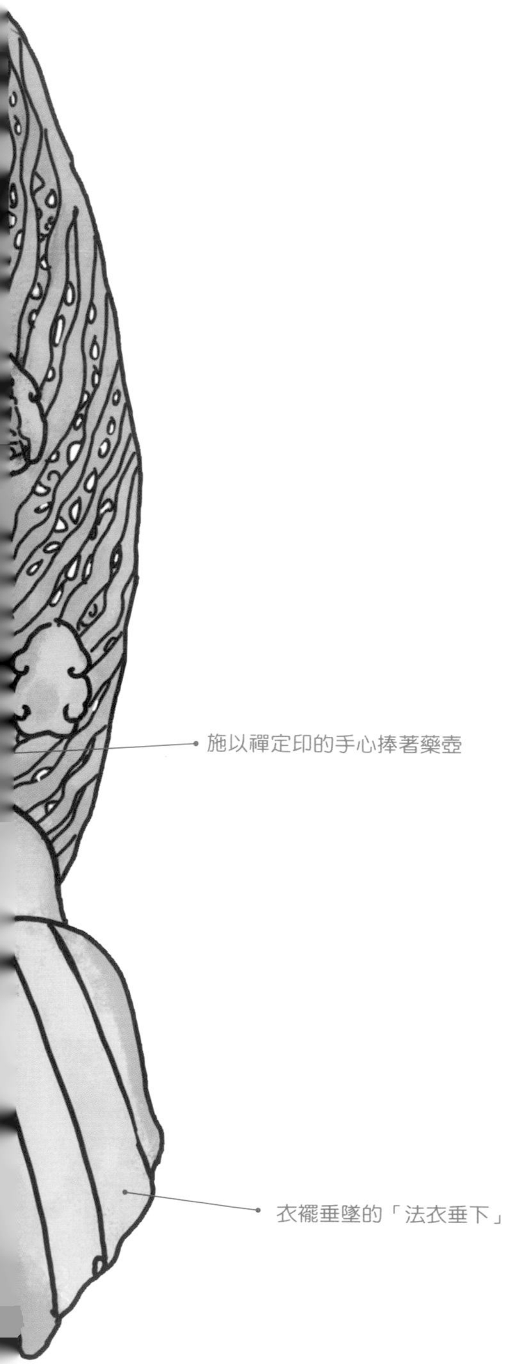

黑地藏尊

覺園寺裡還供奉著黑地藏尊。為了拯救那些墜入地獄、承受火燒的罪人，黑地藏尊自願被火焚燒以減輕他們的苦痛。一年一度的黑地藏緣日為每年 8 月 10 日的凌晨 0 點～中午 12 點，信眾可前往參拜。

代替信眾受難的頰烙阿彌陀如來

阿彌陀如來像 光觸寺

Kamakura
3

鎌倉市十二所793
0467-22-6864

位於鎌倉市十二所的光觸寺，創建於一二八二年，原本是真言宗的寺廟，後來因為開山始祖作阿上人皈依至時宗祖師一遍上人的門下，因而改為時宗寺廟。

光觸寺的御本尊**阿彌陀如來像**是重要文化財，別名**頰烙阿彌陀**，手施迎接亡者前往西方極樂的來迎印。佛像高約九十七公分，於鎌倉時代打造。兩旁的脅侍是膝蓋微彎，雙手扶在蓮花臺上的觀音菩薩像，以及雙手合十的勢至菩薩像，尺寸要比阿彌陀如來像略小一些。

相傳這三尊佛的雕佛師都不同，阿彌陀如來像是運慶；觀音是快慶；勢至則是湛慶。現場參拜時確實如此，三尊佛像都有著鮮明的五官。

這尊阿彌陀如來像有個傳說。以前，有名法師被懷疑竊盜，於是被懲罰在左臉頰留下烙印。不可思議的是，不論被烙印多少次，法師的臉頰就是不見半點烙痕，反而是出現在阿彌陀如來像的左臉頰上。據說這是因為阿彌陀如來代替蒙受莫須有罪名的法師受罰，因而有了「**頰烙阿彌陀**」、「**代受苦佛**」的稱號。

可惜的是，如今佛像身上的金箔已然剝落，望上去只是一片漆黑，已看不出當時臉頰上的烙痕了。話雖如此，代替信眾受難的阿彌陀如來仍相當溫柔。據說只要誠心參拜，祂就會替你承受苦難，實在教人感激。特別提醒的是，**參拜阿彌陀三尊像的人數若超過十人，必須事前預約**。

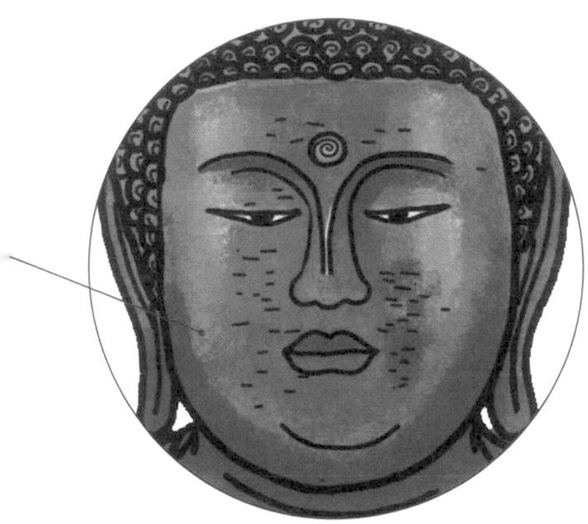

圓潤的臉頰，至今已看不出代為承受烙刑的痕跡

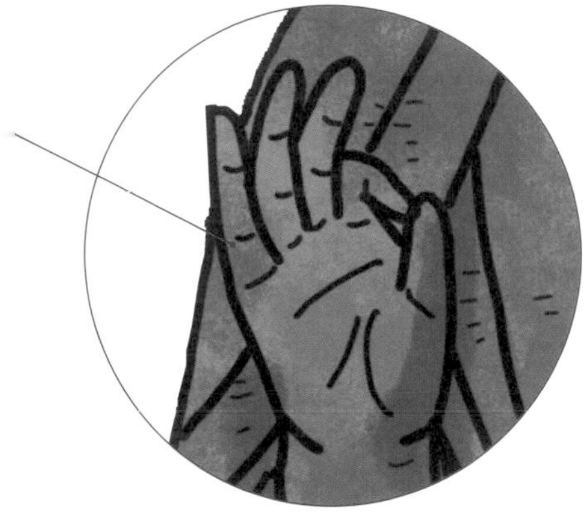

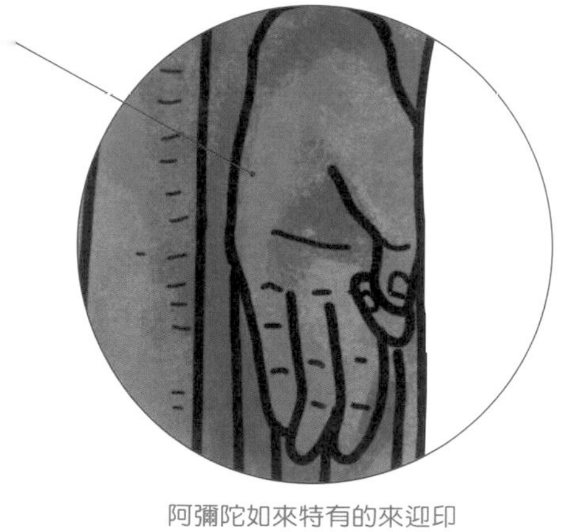

阿彌陀如來特有的來迎印

一遍上人像

光觸寺有尊時宗祖師一遍上人的銅像，表現其身形纖瘦、膜拜虔誠的姿態。除此之外，寺內還供奉著據傳會舔食鹽巴的「鹽嘗地藏」。

性感漂亮，略帶閒散的如意輪觀音像

如意輪觀音像 光明寺

光明寺位在材木座海岸線上，寺院境內擁有鎌倉地方少見的廣大伽藍，更是**淨土宗的大本山**。此寺創建於一二四三年的鎌倉時代，開基者是鎌倉幕府第四代執政者北条經時；開山始祖則為記主禪師。

華麗的山門二樓供奉著釋迦三尊像和十六羅漢像，只開放二十人以上的團體預約參拜。進入境內之後，正面即可看見大殿，供所有信眾免費入內參拜。

大殿的正面安置著御本尊阿彌陀如來像、觀音菩薩像和勢至菩薩像的三尊像。正對的右手邊有弁才天像和善導大師像；左側則供奉著法然上人像，以及於鎌倉時代打造，被列為鎌倉三十三觀音第十八號和關東七觀音靈場的**如意輪觀音像**。

值得注意的是，一般淨土宗寺廟並不會供奉如意輪觀音像，因此這位尊駕被視為來自他宗寺院的「客佛」。鎌倉地方的如意輪觀音並不多，除了光明寺之外，僅有來迎寺和長谷寺等數尊而已。佛像右側的手上拿著如意寶珠（或簡稱寶珠）；最上面的左手食指原本戴著寶戒，現已佚失。這尊菩薩採取單膝彎曲，腳底貼合的**「輪王坐」**姿勢，托腮沉思的模樣略帶閒散氛圍，既性感又漂亮。

Kamakura 4

鎌倉市材木座6-17-19
0467-22-0603

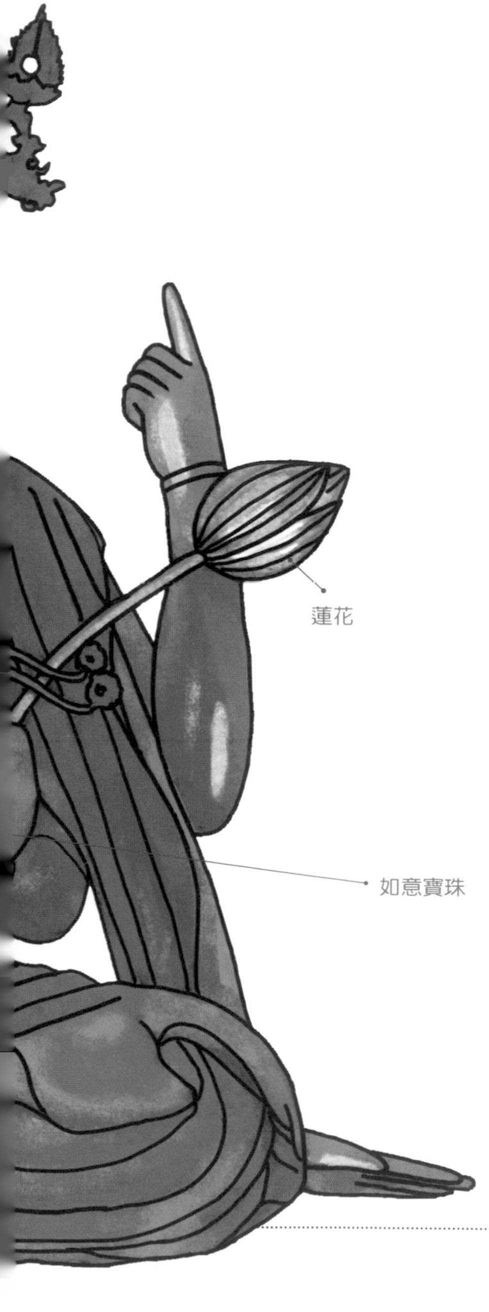

光明寺的精進料理

紅色餐盤上排列著美味裝盤的紅色小碟；筷袋上寫著「記主筷」，名稱源自於開山始祖記主禪師。一般民眾只要於2個月～3天前預約，就能在供奉著記主禪師像的大聖閣享用美味的精進料理。

足足有九公尺之高的長谷觀音

十一面觀世音菩薩立像 長谷寺

長谷寺於七三六年由藤原房前[44]開基；後由德道上人開山創建，以「**長谷觀音**」的稱號廣為人知。此地同時也是坂東三十三所觀音靈場的四號巡禮處，更因滿園繁茂的紫陽花而聞名。面向本堂，銜接其左側建造的寶物館，已在二〇一五年改建為「觀音博物館」，裡頭展示著諸如觀音三十三應化身（觀音菩薩為拯救世人，會配合對方變身為三十三種不同的姿態）及懸佛等文物。

本堂裡供奉著御本尊**十一面觀世音菩薩立像**，高達九百一十八公分。參拜時候必須抬頭仰望，魄力十足。光是這般巨大的身形，就足以讓人感受其神威。據說這尊十一面觀世音菩薩立像，和奈良長谷寺的十一面觀世音菩薩，是用同一塊木頭雕刻而成。佛像完成之後被海水沖走，漂流到三浦半島附近，被居民打撈上岸後搬移至鎌倉此地。

通常，十一面觀世音菩薩像都是右手拿著佛珠，長谷寺式十一面觀世音菩薩的右手，則是如同地藏菩薩那樣拿著錫杖。一三四二年，足利尊氏為佛像施以金箔；一三九二年，足利義滿[45]又替佛像打造光背，卻因關東大地震而破損，現在的光背是一九九一年重新製作的。

佛像頭頂有**足以環顧三百六十度的頭上臉**，以及從至高點舉目遠眺的視線。似乎不論距離多麼遙遠，都能毫無缺漏地將受苦之人從危機中解救出來，是尊十分值得信賴的十一面觀世音菩薩。

Kamakura 5

鎌倉市長谷3－11－2
0467-22-6300

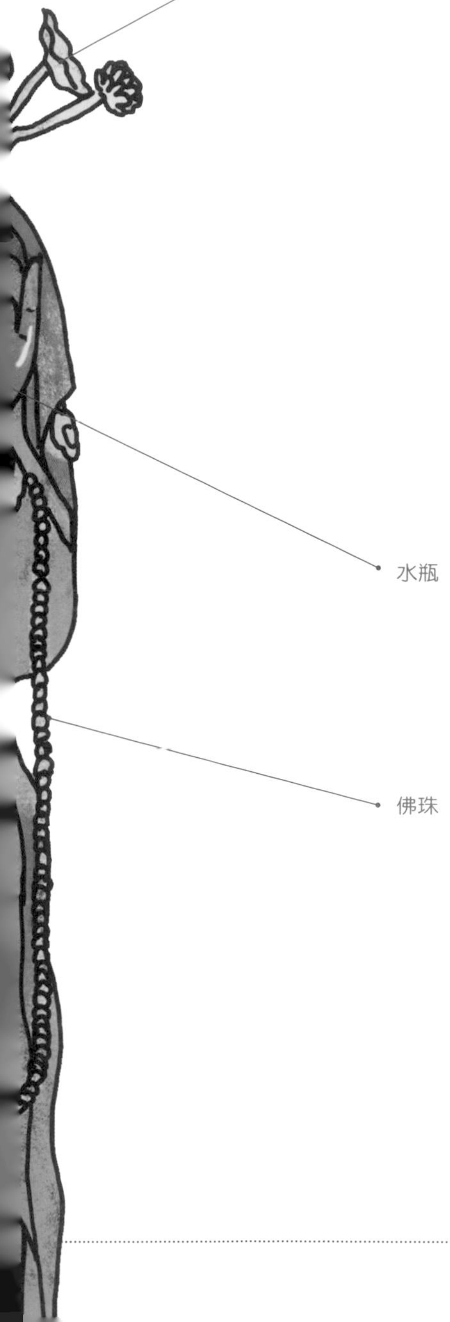

願望實現符

長谷寺內販售草莓造型的願望實現符。草莓的日語發音為「ichigo」，和日語的1及5相近，寫成「一五」之後，便可解釋成「十五」。意即「給予大於十分的庇佑，保佑實現願望、獲得幸福」。

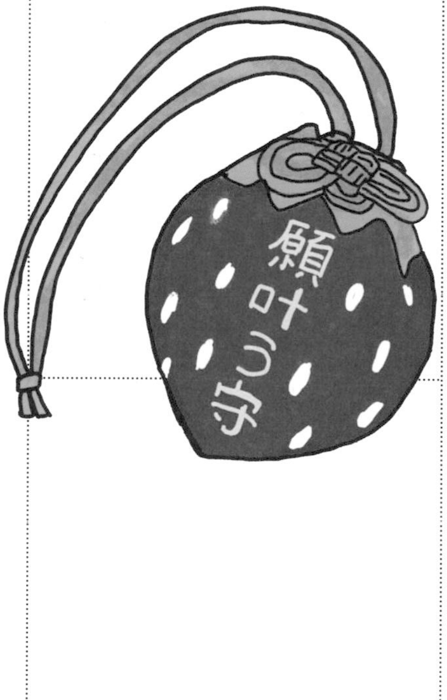
願叶う守

長谷寺式十一面觀世音菩薩，
會像地藏菩薩一樣手持錫杖

44 藤原房前為飛鳥時代至奈良時代的貴族。

45 足利義滿為日本室町幕府第三任將軍；第二代將軍足利義詮的兒子。足利義滿在任期間，南北朝獲得統一。

重現釋迦牟尼首次說法的姿態

釋迦如來坐像 極樂寺

極樂寺位在極樂寺站旁，是鎌倉地方唯一的真言律宗寺廟。一二五九年時，由鎌倉幕府第二代執政者北条義時的三男北条重時開基；開山始祖則是致力於救濟貧民的忍性（鎌倉時代的僧侶）。該寺雖然屢次遭受火災與地震災害，失去了許多堂宇，不過，殘存在境內的製藥鉢和千服茶臼，還是能讓人憶起過往的情景。

極樂寺的轉法輪殿（即寶物館）裡，供奉著雙手放在胸前，手施罕見「轉法輪印」的**釋迦如來坐像**（重要文化財）。佛像高度有九十一公分，由鎌倉時代的雕佛師善慶所打造，表現開悟後的釋迦牟尼在鹿野苑首次說法時的模樣。佛像的手指之間有著像著蹼一樣的「縵網相」，為的是毫無缺漏地拯救眾生。望著這尊佛像，讓人不禁想像，釋迦牟尼當時一邊比著手勢，一邊說法的情境。其豐潤且優美的雙手十分漂亮，莊嚴肅穆的表情也很令人著迷。

轉法輪殿裡還安置著御本尊清涼寺式釋迦如來像、十大弟子立像。值得注意的是，轉法輪殿只有**每年四月二十五日～五月二十五日、十月二十五日～十一月二十五日的星期二、四、六、日開放參拜**，碰上下雨天則不予開放。

Kamakura 6

鎌倉市極樂寺3-6-7
0467-22-3402

十大弟子像（舍利弗）

舍利弗為釋迦牟尼的十大弟子之一，被視為「智慧第一」的象徵，在《般若心經》中也曾登場。這尊寫實風格的立像，現被安置在極樂寺的轉法輪殿裡。

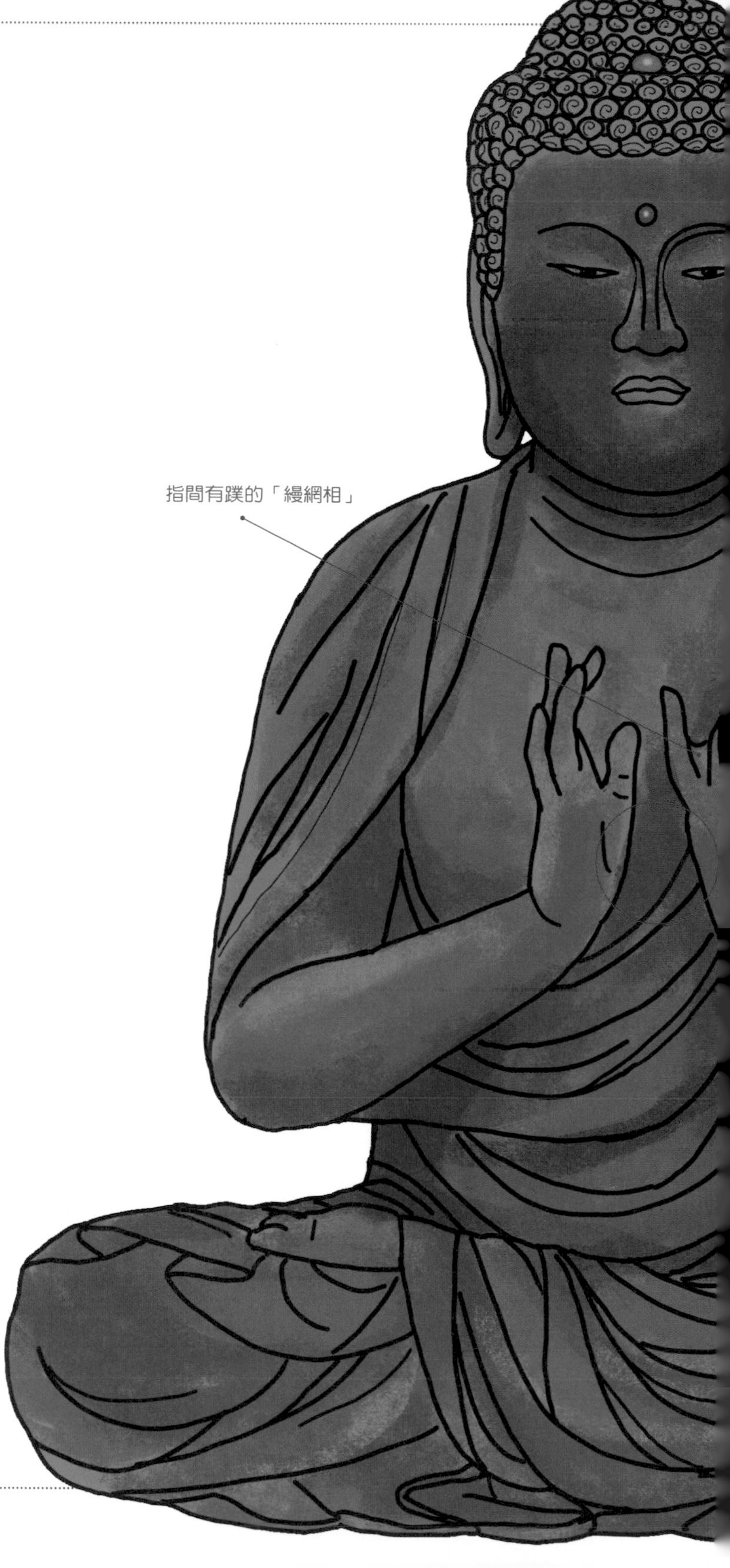

神奈川周邊

除了鎌倉、北鎌倉之外，
橫濱和橫須賀一帶也有許多漂亮的佛像。
大家不妨稍微擴大旅行範圍，
到淨樂寺和滿願寺看看由運慶打造的美麗佛像吧！

1 **金澤文庫**
橫濱市金澤區金澤町 142
045-701-9069

2 **淨樂寺**
橫須賀市蘆名 2-30-5
046-856-8622

3 **滿願寺**
橫須賀市岩戶 1-4-9
046-848-3138

4 **清雲寺**
橫須賀市大矢部 5-9-20
046-836-0216

Around Kanagawa

0
2km
瀨上市民森林
357
神奈川橫濱市
1
橫濱自然觀察森林
16
金澤文庫站
金澤區公所
鎌倉市
金澤八景站
鎌倉市公所
鶴岡八幡宮
鎌倉站
京急逗子線
京急本線
逗子市
134
逗子站
橫須賀線
16
新逗子站
橫須賀港
橫須賀站
橫須賀市公所
葉山町
橫須賀中央站
葉山町役場
堀之內站
衣笠站
橫濱橫須賀道路
浦賀站
4
2
秋谷海水浴場
16
橫須賀市
蘆名海水浴場
134
久里濱站
京急久里濱線
3
相模灣

嚴肅卻又充滿魅力的釋迦如來

清涼寺式釋迦如來立像 金澤文庫

位於橫濱市的金澤文庫（意為私人圖書館），是全日本現存最古老的武家文庫，由鎌倉時代金澤北条氏的北条實時建造。金澤文庫原本在金澤家的宅邸內，除了藏書之外，還蒐羅了許多中國和日本的藝術品。在金澤北条氏隨著鎌倉幕府滅亡而衰敗後，金澤文庫便交由鄰近的稱名寺管理。

稱名寺也是北条實時所建，是一所真言律宗寺廟。由於金澤文庫已於一九三〇年改建為對外開放的公眾博物館，藏於稱名寺的大部分文化財，便託管、展示於金澤文庫。

在金澤文庫的眾多展品中，我最喜歡的是這尊**清涼寺式釋迦如來立像**（重要文化財）。所謂清涼寺式釋迦如來，是以京都清涼寺的釋迦如來立像為原型的佛像。據說當時有尊描繪釋迦牟尼三十七歲姿態的佛像，從印度被運往中國的宋朝；奈良東大寺的僧侶便將那尊佛像模刻下來帶回日本，而這尊模刻佛像就是後來的清涼寺御本尊釋迦如來立像。由於整個流傳途徑跨越了印度、中國及日本三個國家，所以被稱為「三國傳來的釋迦如來像」。

金澤文庫的這尊釋迦如來用繩紋表現頭髮的樣貌，並以同心圓紋路呈現「通肩」、服裝線條等，這些特色都和當時的中國或日本佛像大不相同。實際上，這種以清涼寺釋迦如來立像為原型的佛像，日本全國各地都有，不過，即便姿態相同，五官和體型等仍各具特色。例如金澤文庫的這位尊駕，便有著大臉、突出的下巴、緊抿雙脣的特徵，表情嚴肅卻又充滿魅力，相當吸引我。

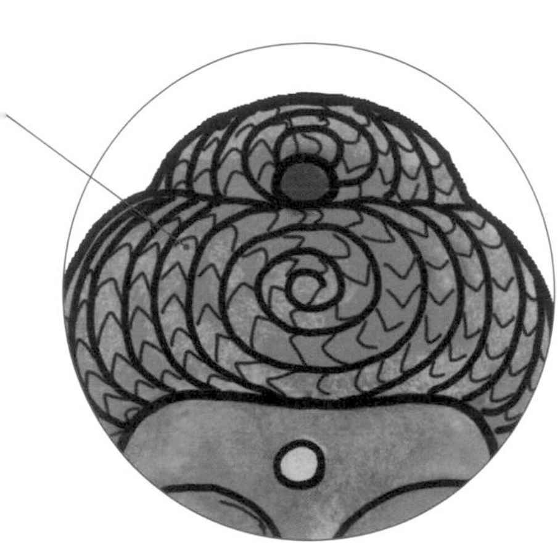

頭髮以宛如纏繞成圈的繩紋表現

緊抿的雙脣微微朝下，略顯嚴肅

Around Kanagawa 1

橫濱市金澤區金澤町142
045-701-9069

大威德明王像

高度僅 20 公分的小巧佛像，非常可愛。原本安置在稱名寺光明院裡，現在則託管於金澤文庫。2007 年證實為運慶的作品，名列重要文化財。原本有六隻手臂，現在只剩下一隻，六隻腳則全沒了，破損相當嚴重。

由雕佛師運慶打造的金黃三尊

阿彌陀三尊像 淨樂寺

Around Kanagawa 2

橫須賀市蘆名2-30-5
046-856-8622

位於橫須賀市的淨樂寺創建於一一八九年。由跟隨源賴朝起兵的武將和田義盛所建。淨樂寺的本堂後方有座收藏庫，裡頭安置著由雕佛師運慶打造的**阿彌陀三尊像**、多聞天王像和不動明王立像（皆為國家指定重要文化財）。**一年開帳兩次，分別是三月三日和十月十九日**。其他時間若要參拜，必須事先預約（如遇下雨天，參拜將會取消）。

阿彌陀如來坐像在正中央；正對著祂時，其右側是**觀音菩薩像**；左側是**勢至菩薩立像**。三位尊駕皆是檜木寄木造，採雕眼技法；後於江戶時代補上了金箔，全身閃閃

觀音菩薩立像

阿彌陀如來坐像

發光。這三尊佛像都有著年輕、緊緻光滑的臉，以及直挺、寬闊的胸膛。真不愧是運慶的作品，實在栩栩如生。

阿彌陀如來坐像手施一般的來迎印，服裝線條十分細緻且美麗；兩旁的觀音菩薩立像和勢至菩薩立像則把頭髮高高盤起，略微扭著腰部，彎曲著膝蓋站立，呈現出悠閒的氛圍。

月輪形銘札

1959 年時，在淨樂寺的多聞天王像胎內發現了這枚月輪形銘札。從上頭的文字可知，這尊佛像是 1189 年在和田義盛夫婦的委託下，由運慶和其餘 10 名小雕佛師打造而成。

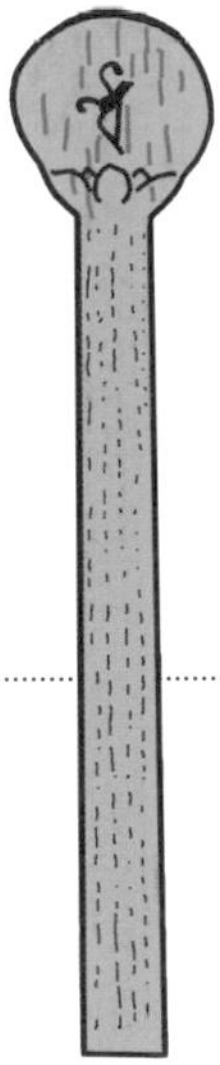

勢至菩薩立像

淨樂寺官網

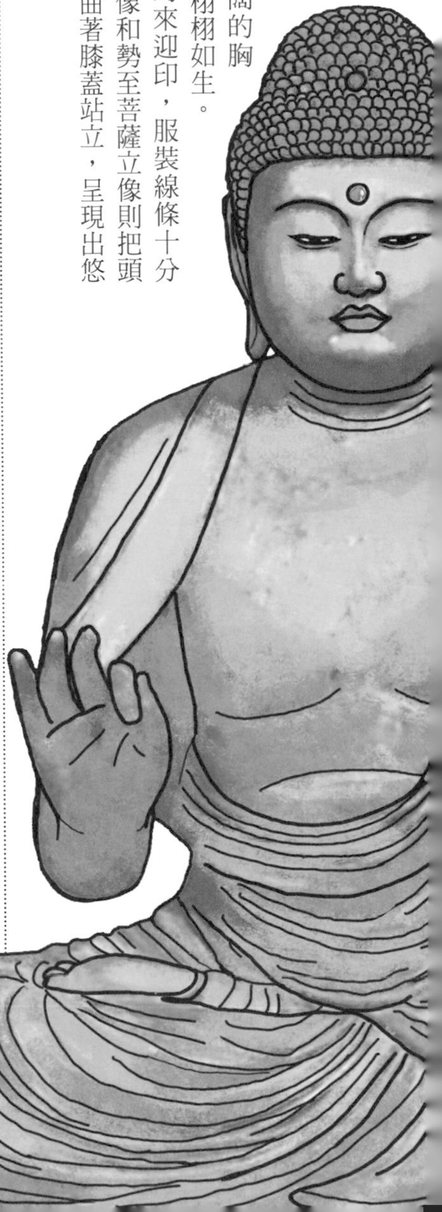

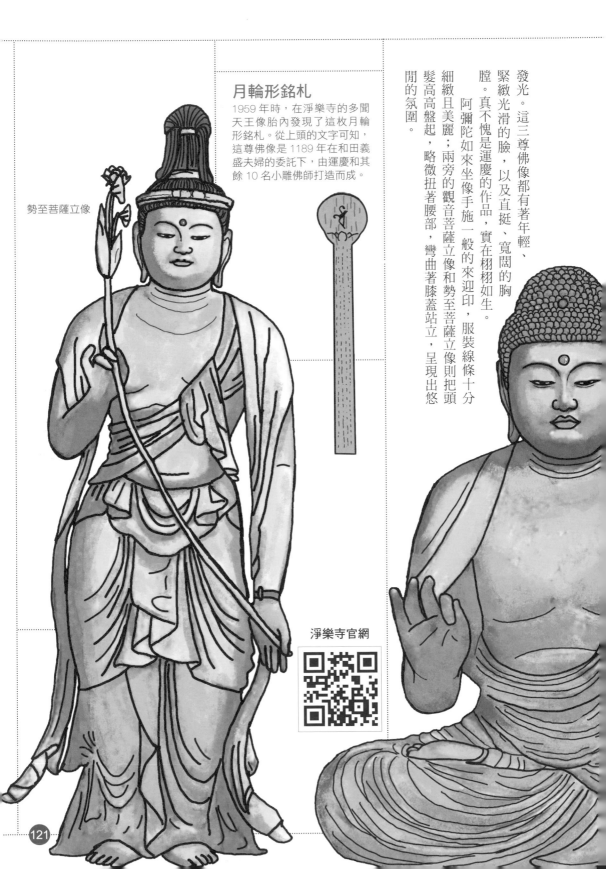

有著威凜之姿的兩尊鎌倉佛

菩薩立像、地藏菩薩立像 滿願寺

滿願寺是由佐原義連創建的寺廟。佐原義連是和源賴朝一起發兵，在衣笠合戰上戰死的三浦義明的么子。因為他住在佐原，便以佐原為姓。另外，佐原義連同時也是追隨源義經[46]參加一之谷合戰[47]，率先衝過鵯越等險峻之處的著名武將。由於他實現了討伐平家的願望，因此便把寺廟命名為滿願寺。

滿願寺的收藏庫裡，安置著國家指定重要文化財**菩薩立像**和**地藏菩薩立像**兩尊鎌倉佛，以及橫須賀市指定的不動明王像和多聞天王像。

右邊這尊菩薩立像，據傳是佐原義連年輕時，在出兵討伐西邊的平家前，讓運慶依照自己的模樣雕刻而成。因此佛像有著高高盤起的髮髻、年輕稚嫩的臉龐、威風凜然的體格，既威嚴又可靠；衣服的摺痕複雜且美麗，右腳則稍微往前邁出，腰部線條自然。

菩薩立像高二一六・五公分；地藏菩薩立像高兩百零三公分。兩尊佛像都比等身大略高一些，皆為檜木寄木造、玉眼技法，有著宛如雙胞胎般的相似五官。其中地藏菩薩立像的左腳略微邁出，臉稍微朝向左邊。**信眾只要事先預約即可參拜**。

Around Kanagawa 3

橫須賀市岩戶1-4-9
046-848-3138

菩薩立像

佐原義連之墓

爬上本堂旁的石階後，可看見創建滿願寺的佐原義連祀堂。其墓碑高174公分，是以凝灰岩打造的五輪塔造型。

46 源義經為日本平安時代末期，出身河內源氏的武士，也是知名的將領。

47 發生於一一八四年，源平合戰的關鍵戰役之一。

臉稍微朝向左邊
兩尊鎌倉佛
有著相似的五官
蓮花
衣服的摺痕
既複雜又美麗

地藏菩薩立像

帶有異國風情的優雅觀音像

瀧見觀音像　清雲寺

清雲寺創建於一一〇四年，是三浦義繼為供養其父三浦為繼而建造的寺廟。清雲寺本堂後方有座墓地，以為繼的五輪塔為中心，排列著為通、義繼的五輪塔。三浦為通是三浦氏之祖，也是源賴義的武將，因為源賴義賜予三浦之地，全族便以三浦為姓，後建造了衣笠城。

清雲寺裡的御本尊**瀧見觀音像**，於中國的南宋時代打造，採用寄木造技法。高度為六一．八公分。是國家指定的重要文化財。這尊佛像表現的是觀音凝望瀑布的姿態，所以被稱為**「瀧見觀音」**（**飛瀑觀音**）；後世更為此修補了一座瀑布岩石臺，將其安置在上頭。瀧見觀音像最初從中國宋朝引渡而來，成了附近圓通寺的御本尊；而在圓通寺廢寺之後，於江戶後期移駕至清雲寺。

這尊佛像採優雅屈膝、單腳自然垂下的**「遊戲坐」**之姿，給人悠閒放鬆的感覺，彷彿從中國水墨畫中走出來似的。下半身的衣裳有如漩渦般纏繞著腹部，十分與眾不同。此外，祂的臉形略長、眼睛細小，充滿異國風情。頂上的大型頭冠則是後世修補的。**信眾只要事先預約即可參拜。**

我個人曾在某個展覽會上，看到這尊佛像摘下頭冠後的模樣，當時才發現祂的頭頂偏低且平坦，有點嚇了一跳。

Around Kanagawa ❹

橫須賀市大矢部5－9－20
046-836-0216

摘下頭冠後，可看見偏低且平坦的頭頂。
臉形略長、眼睛細小，充滿異國風情

多聞天王像

多聞天王原本是清雲寺的御本尊，屬於縣指定的重要文化財。據說這尊佛像在和田合戰[48]時為了替和田義盛承受敵人的箭而受損，因而被稱為「箭請多聞天王」。其頭盔同樣被設計成可摘除的樣式。

48 發生於鎌倉時代初期（一二一三年五月），鎌倉幕府內的有力御家人和田義盛的反亂。之後義盛敗死，北条氏的執權體制則更加強固。

結語

我現在住在埼玉，與東京及鎌倉佛像的距離實在不算遙遠。

我在讀賣文化舉辦的「江戶『那是真的嗎？』巡禮」史蹟參訪活動中擔任講師，迄今已有十多年；同時，我也在「HATO巴士」、「每日新聞旅行」從事佛像巡禮同行講師的工作。在參觀過許多神社、佛寺之後，我才發現**原來大都會裡也有這麼多出色的佛像**，令我萬分驚訝。**明明近在咫尺，大家卻對這些漂亮的佛像一無所知**。我希望讓更多人知道東京和鎌倉的佛像之美，於是寫了這本書。

說到古老、歷史悠久的文物，一般人往往只會聯想到奈良或是京都，但其實東京也有許多出乎意料、個性豐富的古老佛像。畢竟江戶幕府曾在這個地區活躍過，自然會吸引許多來自全國各地的佛像進駐，只是因為該寺院並非知名的觀光勝地，所以鮮少人知。

鎌倉的佛像則十分有個性。這是因為鎌倉幕府和中國宋朝貿易往來密切，引進了許多宋朝文化，佛像的表現自然也不例外。偏低的肉髻、上揚的眼尾，都屬於宋風文化。另外，把黏土塞進模型裡，再將之黏貼成用來裝飾衣物的半立體圖樣（當地人稱之為「土紋」），也是唯有鎌倉地區才看得到的獨特風格，這些

有如刺繡般的花卉或樹葉裝飾十分美麗。另外，也有許多佛像採用讓衣服垂墜在底座的「法衣垂下」樣式，這種宛如從中國水墨畫中走出來似的服裝表現，也是鎌倉佛像的特徵所在。

衷心希望大家能帶著這本書，實際前往參拜東京和鎌倉的眾多佛像。

最後，我也非常感謝購買本書的各位讀者，以及參與本書製作的所有相關人員。由衷感謝。

生活方舟 0027

東京·鎌倉佛像圖鑑

佛像圖解 × 參拜巡禮，來趟法喜充滿的心靈小旅行！

作　　者　田中弘美（Tanaka Hiromi）
譯　　者　羅淑慧
封面設計　楊廣榕
內頁設計　江慧雯
主　　編　李志煌
行銷主任　汪家緯
總 編 輯　林淑雯

讀書共和國出版集團
社長　郭重興
發行人兼出版總監　曾大福
業務平臺總經理　李雪麗
業務平臺副總經理　李復民
實體通路經理　林詩富
網路暨海外通路協理　張鑫峰
特販通路協理　陳綺瑩
印務　黃禮賢、李孟儒

出 版 者　方舟文化／遠足文化事業股份有限公司
發　　行　遠足文化事業股份有限公司
231 新北市新店區民權路 108-2 號 9 樓
電話：（02）2218-1417　傳真：（02）8667-1851
劃撥帳號：19504465　戶名：遠足文化事業股份有限公司
客服專線：0800-221-029　E-MAIL：service@bookrep.com.tw
網　　站　www.bookrep.com.tw
印　　製　通南彩印股份有限公司　電話：（02）2221-3532
法律顧問　華洋法律事務所 蘇文生律師
定　　價　400 元
初版一刷　2020 年 1 月

國家圖書館出版品預行編目（CIP）資料

東京．鎌倉佛像圖鑑：佛像圖解 × 參拜巡禮，來趟法喜充滿的心靈小旅行！／田中弘美著；羅淑慧譯 . -- 初版 -- 新北市：方舟文化出版：遠足文化發行，2020.01
128 面；17×23 公分 . --（生活方舟：0ALF0027）
譯自：東京．鎌倉仏像めぐり
ISBN 978-986-98448-1-9
1. 佛教　2. 藝術欣賞　3. 日本旅遊　4. 日本東京都　5. 日本鎌倉市

224.6　108018586

特別聲明：有關本書中的言論內容，不代表本公司／出版集團之立場與意見，文責由作者自行承擔

TOKYO KAMAKURA BUTSUZO MEGURI by HIROMI TANAKA
Copyright © 2017 HIROMI TANAKA
Complex Chinese translation copyright ©2020 by Walkers Cultural Co., Ltd. Ark Cultural Publishing House
All rights reserved.
Original Japanese language edition published by WEDGE INC.
Complex Chinese translation rights arranged with WEDGE INC.
through Lanka Creative Partners co., Ltd. and AMANN CO., LTD.

方舟文化官方網站　方舟文化讀者回函

缺頁或裝訂錯誤請寄回本社更換。
歡迎團體訂購，另有優惠，請洽業務部（02）2218 1417 #1121、#1124
有著作權．侵害必究